JN438503

용고을 남원 고을

용고을 남원 고을

최상구 시집

용고을 개략도

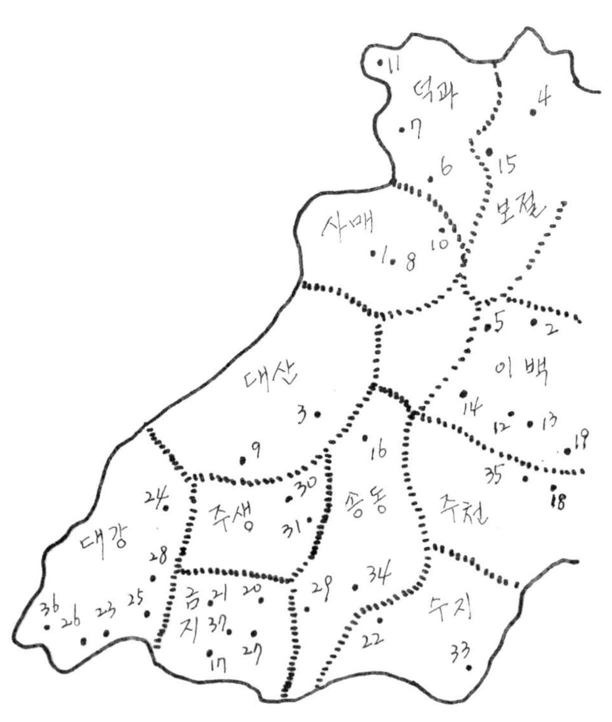

1. 계수리(桂壽里) 2. 남원변전소 3. 대산초교 4. 만행산(萬行山)
5. 무동산(舞童山) 6. 사곡송림 7. 덕과초교 8. 서도리
9. 석수암 10. 오리정 11. 용산리(龍山里) 12. 응령역(應嶺驛)
13. 초촌리(草村里) 14. 한울학교 15. 호암시비공원(湖巖詩碑公園)
16. 가덕리(加德里) 17. 고리봉 18. 구룡계곡 19. 구룡암(九龍庵)
20. 김주열묘지 21. 녹야정(綠野亭) 22. 몽심재(夢心齋) 23. 무진정(無盡亭)
24. 문덕봉(文德峰) 25. 방동리(芳洞里) 26. 방산나루 27. 보련암(寶蓮庵)

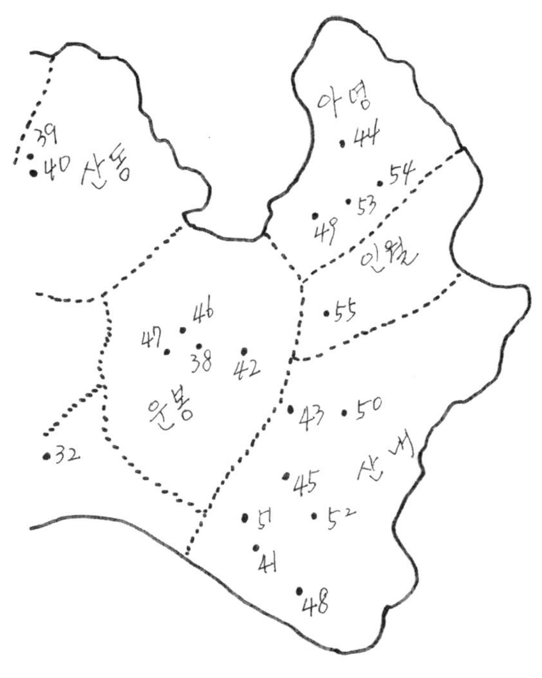

28. 십노사(十老祠)
29. 장포리(長浦里)
30. 주생역(周生驛)
31. 주생초교
32. 천신암
33. 초리(草里)
34. 최락당(最樂堂)
35. 춘향묘
36. 풍양사(楓陽祠)
37. 환봉사(環峯祠)
38. 국악의 성지
39. 귀정사(歸政寺)
40. 대상리(大上里)
41. 덕동리(德洞里)
42. 바래봉
43. 백장암(白丈庵)
44. 봉화산(烽火山)
45. 산내우체국
46. 산덕리(山德里)
47. 세걸산(世傑山)
48. 심원(深源)
49. 아막성(阿莫城)
50. 약수암(藥水庵)
51. 와운(臥雲)마을
52. 충혼탑
53. 흥부마을
54. 흥부생가
55. 장터국밥집

성내(城內) 마을 개략도

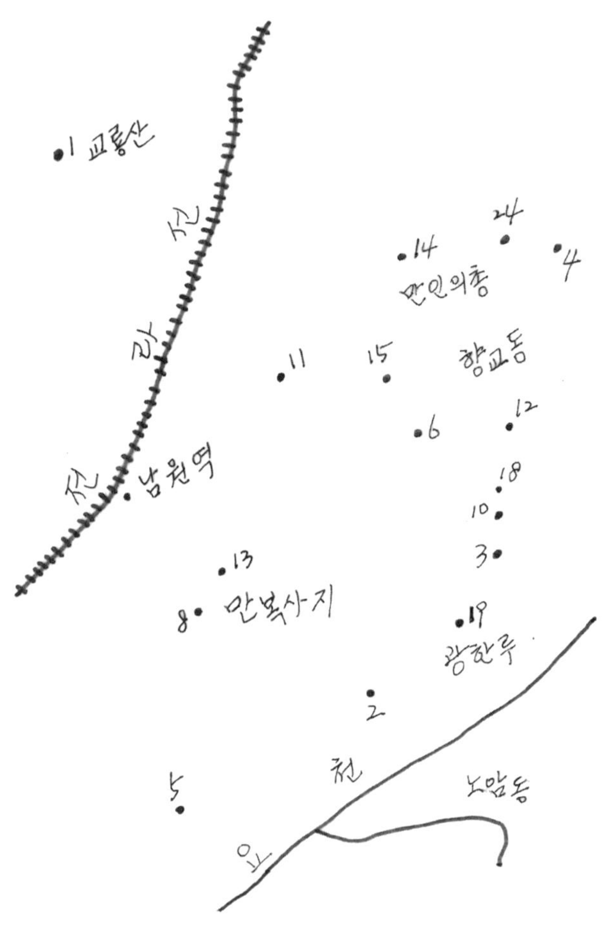

1 교룡산
선
라
전
남원역
14
24
4
만인의총
11
15
향교동
6
12
18
10
3
13
8
만복사지
19
광한루
2
5
천
요
노암동

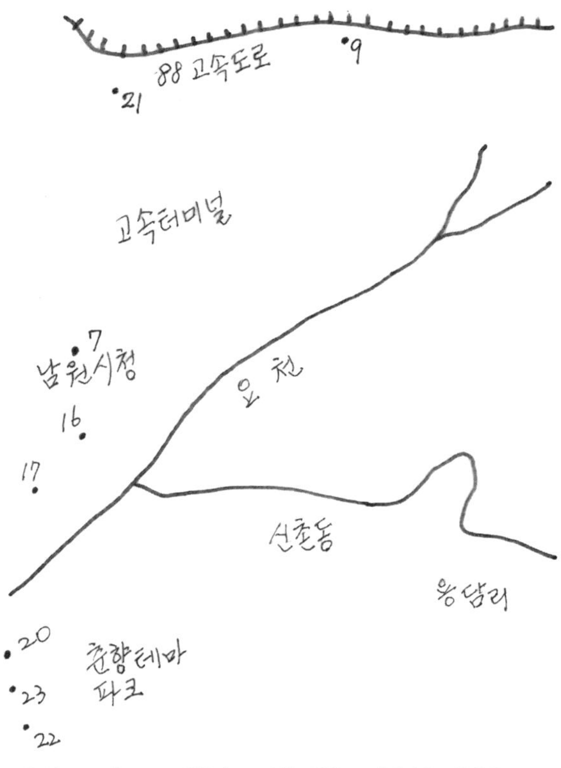

1. 교룡산성(蛟龍山城) 2. 금동(錦洞) 3. 남원문화원 4. 남원방송문화센터
5. 남원보건소 6. 남원성(南原城) 7. 남원시청 8. 남원여객 9. 남원의료원
10. 다문화가족지원센터 11. 대복사(大福寺) 12. 구남원역 13. 만복사(萬福寺)
14. 만인의총(萬人義塚) 15. 사직단(社稷壇) 16. 선원사(禪院寺)
17. 시외버스터미널 18. 용성관(龍城館) 19. 월매집 20. 춘향테마파크
21. 88고속도로 22. 항공우주천문대 23. 향토박물관 24. 남원향교

용고을 예찬(禮讚)

남원(南原)은 가야(伽倻) 시대부터 내려오는 전통 있는 고을이다. 남원은 남녘의 넓은 평원이라 하여 남원(南原)이라고도 부르지만 여러 산(龍)들이 엉켜져 내려와 도읍을 이루었다 하여 용성(龍城)이라고도 부른다. 용(龍)은 우리나라에서는 12지 신상의 하나로 예부터 신성한 동물로 여겨져 왔다. 우리 조상들은 뻗어있는 산들을 보고 이것들이 흡사 살아있는 용(龍)과 비슷하다고 하여 용(龍)이라고 불렀다. 그래서 그런지 남원에는 민족의 영산인 지리산을 비롯하여 견두산, 봉화산, 풍악산, 천황산, 세걸산, 삼봉산, 교룡산, 백공산, 장백산, 연비산, 성산, 계룡산, 용투산, 오공산, 연부산, 공동산, 문덕봉, 고리봉, 삿갓봉 등 많은 신성한 산들이 있다.

남원은 산과 물과 들을 끼고 있는 살기 좋은 고장이다. 예로부터 조상들은 남원을 '천부지지(天府之地) 옥야백리(沃野百里)'의 터라고 하였다. 이는 '하늘이 정한 땅으로 비옥한 들판이 백리에 걸쳐 뻗어 있는 땅'이라는 뜻이다. 산은 아영, 운봉, 인월, 산내로 뻗어 있고 들은 대산, 주생, 대강, 금지로 질러 있다. 물은 두 갈래인데 하나는 운봉, 인월을 거쳐 낙동강으로 흐르고, 다른 하나는 주천, 요천을 거쳐 섬진강으로 흐른다.

남원은 넓이 752km^2의 광할한 지역으로 동쪽으로는 산내면 중황리, 서쪽으로는 대강면 생암리, 남쪽으로는 금지면 하도리, 북쪽으로는 보절면 성사리가 그 끝을 이룬다.

남원은 충(忠), 효(孝), 예(禮), 열(烈)의 고장이다. 남원은 춘향의 절개가 있고 흥부의 우애가 있고 많은 효자비들이 증명하는 효부들이 있고 만인 의사들의 충절이 있고 동편제의 흥(興)이 숨 쉬는 곳이다. 남원은 문화와 예술이 살아있는 고장이다. 남원 사람들은 예로부터 높은 기상으로 도를 닦고 맑은 정신으로 소리를 즐겼다.

남원 사람들은 그들이 전해 받은 훌륭한 기상(氣像)과 정신(精神)을 후손들에게 대대손손(代代孫孫) 꼭 전하고 싶어 한다.

詩集 '용(龍)고을 남원 고을'을 내면서

나는 산을 좋아한다. 그 중에서도 영산(靈山) 지리산을 좋아한다. 나는 민족의 영산인 지리산이 우리 고장 남원에 그 뿌리를 두고 있다는 것이 늘 자랑스러웠다. 나는 젊었을 때부터 산행을 많이 하였다. 내가 지리산 산행을 할 때는 남원을 거쳐 화엄사, 천은사, 달궁, 뱀사골, 백무동 등으로 들어갔었다.

나는 대학을 나와 화학 회사에서 페인트 만드는 기술을 연마하였다. 나는 이 기술을 바탕으로 하여 남원 지방의 전통 공예인 목기를 만드는 일에도 특별히 기술적 협력을 도모한 바 있다.

나는 이번에 '용고을 남원 고을'을 쓰면서 애절하면서도 강한 막힘이 없는 남원 지방의 소리에 대하여 많은 관심을 갖게 되었다. 나는 동편제로부터 남원 사람들이 갖고 있는 힘찬 '내적 기백(內的 氣魄)'을 느낄 수 있었다.

남원은 나의 처가(妻家)의 본원이기도 하지만 나의 친구들이 많이 살고 있는 곳이기도 하다. 남원 사람들은 어디에 살아도 항상 맑은 정신과 정갈한 기품을 갖고 산다.

나는 그동안 사람들이 생활하는데 필요한 여러 가지 물건을 개발하고 만드는 일을 해왔다. 나는 요즘 내가 하는 직업적인 일 외에도 이웃들을 위하여 어떤 일을 더 할 수 있나 하는 생각에 젖어 있었다.

나는 긴 고심 끝에 우리 고장 '남원'에 대하여 글을 쓰기로 마음먹었다. 나는 이 시점에서 내가 살아있는 한 늘 새로운 시작을 하는 것만이 나의 삶을 정체되지 않게 만든다는 것도 깨달았다. 여기서 새롭게 시작한다는 것은 내가 지금까지 살아 온 과거를 부정하고 전혀 다른 새로운 것을 한다는 것은 아니다. 그것은 내가 지금까지 살아왔던 것들을 정리하고 여기에 살을 붙여 좀 더 짜임새 있고 변화된 상태의 것을 만드는 것을 의미한다.

나는 남원도 나와 비슷한 처지에 있나고 생각한다. 남원은 하늘이 내려주신 아름다운 자연과 조상들이 일구어 놓은 찬란한 문화와 빛나는 얼로 많은 사람들에게 좋은 이미지로 알려져 있다. 그래서 그런지 남원은 그 덕분에 아직도 좋은 맥을 유지하고 있다. 하지만 지금 남원 사람들은 현재의 상태에 대하여 만족을 하지 못하고 있다. 그들은 남원이 좀 더 고도화된 시대에 맞게 보다 윤택하고 활동적이고 문화가 풍성한 도시로 바뀌어야만 한다고 생각하고 있다. 이제 나에게도 남원에게도 그런 도약의 발걸음이 절실하게 필요한 때가 왔다고 생각한다. 지금까지 쌓아온 과거를 좋은 자산으로 삼아….

끝으로 이 책을 내는데 많은 도움을 주신 남원시청, 남원사랑, 그리고 인터넷 블로그의 남원 관련 저자 여러분들께 심심한 감사의 인사를 올린다. 그리고 나의 삶을 늘 밝은 곳으로 인도해주시는 나의 어머니, 나의 형제들, 나의 아내, 나의 아이들, 나의 친구들, 나의 독자들에게 진한 감사의 인사를 올린다. 아울러 나의 일곱 번째 시집을 정성들여 만들어 준 신아출판사에게도 감사의 인사를 전한다.

戊戌年 元旦

靜天 최상구 올림

‖ 목차 ‖

1부 용고을

2부 성내(城內)마을

3부 들마을

4부 강마을

5부 산마을

1부

용고을

용고을 1
–님이여, 남원에 오시거든–

님이여, 남원에 오시거든 부디 굽어 살펴
보소서.
높은 산들이 어디 어디에 숨어 춤을 추는지?,
맑은 물들이 어디에서 솟아오르고 부드러운
실개천이 어디로 흘러 나가는지?

님이여, 남원에 오시거든 부디 굽어
살펴보소서.
농부들이 비단 옥토에 언제 씨를 뿌리고
또 언제 거두어들이는지?

님이여, 남원에 오시거든 부디 굽어
살펴보소서.
흥부와 마을 사람들이 어디에서 매를
맞았고 왜 자청해서 매를 더 맞겠다고
하였는지?

님이여, 남원에 오시거든 부디 굽어
살펴보소서.
춘향이가 어디에서 이도령을 처음 만났고
지금도 어느 고개에서 이도령을 눈이
빠지게 기다리고 있는지?

용고을 2

–춘향 상봉–

콕콕 찔리는 험한 삶의 가시밭길에서도
늘 초연(超然)하였던 그녀,
혜성처럼 사라졌다 다시 돌아온 사랑
속으로 진한 눈물을 삼키며 깊이깊이
파고들었던 그녀,
그녀 앞에 서면 왠지 불행도 행복으로
바꾸어 질 것 같은 좋은 예감을 가지고
나의 발걸음을 성큼 그녀 쪽으로
옮긴다.

용고을 3

–목기(木器)–

둥근 얼굴, 도톰한 입술, 긴 목, 고운
살결,
언제나 저 만치 내려 앉아 다소곳이
근엄(謹嚴)을 물고 계신 당신,
난 누가 뭐래도 조금은 차가운 듯
단정해 보이는 당신이 좋아요.
조심스럽게 당신의 얼굴을 어루만지며
말합니다.
'나 말고 누가 감히 당신에게 예쁜
입맞춤을 하자고 하겠어?'

용고을 4
-혼불-

영롱한 아기 혼불,
무슨 사연이 생겨 이 저녁에 집을
옮겨가고 있는가?
딸만 있는 집으로,
아들만 있는 집으로,
아니면 아들도 딸도 없는 집으로,
처음 왔을 때처럼 붉은 저녁노을
위를 하늘하늘 춤추며 날아간다.

용고을 5
-남원 입성-

남원 입성 길목 오리정(五里亭) 지나 춘향
터널 위 대문짝만한 영역 표시,
'대한민국 대표 문화도시 남원'
그래 여기부터가 진정 남원인가?
교룡산성 높은 곳에 올라가 내려다보니
보이는 것이 온통 산 산 산,
그래 저 산부터가 진정 남원인가?
광한루 가는 길 수 없이 많은 추어탕집,
KBS에 나온 집, MBC에 나온 집, SBS에
나온 집, JTBC에 나온 집, TV에 나오지
않은 집,
아, 진정 여기에서부터가 남원인가?"
요천 승월교 다리 위에서 나는 작고
나지막한 늙은 부부의 목소리,
'할멈, 이리 와봐 애들 없을 때 우리 둘이
사진 한 장 찍게.'
아, 진정 여기에서부터가 남원인가?

용고을 6

–남원의 애수(哀愁)–

남원에서 전주까지 완행열차로 통학하던
남학생과 여학생,
어느 날 남학생이 여학생 집에 찾아가 사랑을
고백하였는데 여학생은 남학생을 차디차게
외면하였습니다.
남학생은 나중에 잘 되면 두고 보자고 이를
악물었습니다.
그 후 여학생은 골방에서 자기 머리 쥐어가며
'그게 아니었는데' '그게 아니었는데' 하면서
엄청나게 울었다는데…
앞날을 너무나도 몰랐던 남학생과 여학생,
그들은 지금 어디에서 어떻게 살고 있을까요?
전주–남원 비둘기호 열차 안에서 서로 만나
예쁜 사랑을 꿈꾸었던 남학생과 여학생,
그들 모습 아직도 눈에 선합니다.

용고을 7
—남원아리랑—

하늘엔 조각구름 흘러갑니다.
우리 님의 고운 얼굴 닮은 하얀 구름이
멀리 지리산 위를 사뿐히 날개 달고
지나갑니다.
아리랑 아리랑 아라리요.
아리랑 고개를 넘어간다,

우리 님과 내가 놀던 광한루 오작교,
우리 가슴 속에 새겨 놓은 진한 사랑의
언약,
내 어찌 그 추억을 잊을 수 있으리요.
생각하면 생각할수록 맑은 웃음 번집니다.
아리랑 아리랑 아라리요.
아리랑 고개를 넘어간다,

잊을 수 없어 잊을 수 없어 님 향한
일편단심,
그리움을 못 이겨 글로 적어 보냅니다.

요천수 강물에 붓을 찍어서 또박또박 큰
글씨로 적어 보냅니다.
아리랑 아리랑 아라리요
아리랑 고개를 넘어간다,

용고을 8
–전라선 열차–

누가 해질 무렵 섬진강가를 느릿느릿
능구렁이처럼 기어가는 전라선 열차를
보았는가?
누가 어린 시절 지루한 여행길에 잠을
자다 생것장사 아줌마들 떠드는 소리에
울음보를 터트리며 잠을 깨던 전라선
열차를 보았는가?
누가 자신이 누구인지도 모르면서
막무가내로 '수출 목표 1000억불 달성'
이란 현수막을 가슴에 달고 꽥꽥 소리
지르며 달려가던 그 철부지 전라선
열차를 보았는가?

용고을 9

–미꾸라지의 충고–

언제나 부드러운 움직임으로 불필요한
세상사를 요리조리 피해 나간다.
그 어떤 불행도 내게 올 수 없다.
산다는 것은 얼마나 아슬아슬한 일인가?
끝없이 반복되는 위험한 상황,
하지만 난 여유로운 솜씨로 이 위험으로
부터 빠져나간다.
그렇지만 그렇게 빈틈없던 이 몸도 단
한 번의 실수로 어부에게 잡혀 항아리
안으로 끌려 들어오게 되었다.
방심하지 마라.
방심하지 마라.
단 한 번의 실수가 폐가망신(廢家亡身)을
부른다.
생명이 끝나기 전까지는 그 누구도 긴장의
끈을 놓아서는 안 된다.

용고을 10

–소리축제–

하늘에서는 천기(天氣)가 내려오고
땅에서는 의기(義氣)가 솟고
사방에서는 인정(人情)들이 달려오고,
야단법석 좋은 날,
쿵– 따르르 쿵쿵– 따르르 쿵쿵–
따르르 쿵– 따르르,
휘모리 중모리 중중모리 자진모리
엇모리,
오색(五色) 창(唱)소리가 하늘 높이
퍼져 산허리를 쾅쾅 흔들고 있네.

용고을 11

–여뀌–

강변에 홀로 서서 하염없이 맑은 물을
만들어내는 그대여,
그대는 아는가?
행복도 불행도 수시로 변하고, 약도 독도
수시로 변하는데, 어느 것이 진짜 진여
(眞如)의 것인지를?
우리네 인생,
삼도(三途)의 귀의처가 진정 어디인지를?

*진여(眞如) : 절대의 진리(眞理)

*삼도(三途) : 원래는 지옥(地獄), 아귀(餓鬼), 축생(畜生)을 의미하지만 여기에서는 진리를 깨닫지 못한 일반 중생을 일컬음.

용고을 12

-농악대-

덩덩 더더덩, 깨갱 깨갱 깨개갱, 징- 징-,
삘리리- 삘리리-,
흥에 겨워 박수를 칩니다.
열심히 박수를 치다보면 내 속에서 내가
나옵니다.
얼씨구 절씨구 소리치면서 오래전부터
꿈꾸어왔던 하얀 상모(象毛)를 돌리는
내가 나옵니다.
쓰러져도 쓰러져도 다시 일어서서 앞으로
나아가는 불퇴전(不退轉)의 용기를 가진
내가 나옵니다.

용고을 13

–제비–

시골집 처마 밑에 고대광실(高臺廣室)
집을 짓고 여름 한 철 노래 부르며
놀던 제비,
그 제비 보이지 않는다.
어디로 숨었는지?
긴 장마 끝 나뭇잎 밑으로 숨었는지?
아니면 어느 화투장 속 우산 속으로
슬그머니 들어갔는지?

용고을 14

-지리산(智異山) 연가-

아무리 여러 해를 살아도 님의 뜻을 다
헤아리지 못하였습니다.
아무리 멀리 떠나 있어도 님의 품안을 다
벗어나지 못하였습니다.
지금도 살다보면 불쑥불쑥 님 생각이 납니다.
여기저기에서 솜털 달고 일어나 갑자기
강가로 달려가는 산줄기가 보이고,
쏜살같이 이 골 저 골을 부딪치며 내려가는
계곡물의 차가움이 느껴지며,
요리조리 솔숲 사이를 빠져 나가는 솔바람
소리가 나의 귓전을 울립니다.
저 만치서 나를 부르는 님의 목소리가
들려옵니다.
"조심해라. 조심해라. 차 조심하고, 사람 조심
하고, 먹는 것 조심하고, 사는 것 조심하고…."

온고을 15

– 요천(蓼川) –

강이 흐릅니다.
강에는 흐름만 있는 것은 아닙니다.
흐름 속에는 멈춤이 들어 있습니다.
둥둥 떠가는 나뭇가지, 작은 돌, 작은
모래, 흙 알갱이, 풀뿌리가 그렇습니다.
나 또한 긴 세월을 흐르다 여기에서
멈추었습니다.
긴 흐름 속에 내가 있었습니다.
나 혼자 흘러 온 것도 아닌데 이제
와서는 그것이 왜 온전히 나 혼자만의
흐름으로 느껴지는지는 잘 모르겠습니다.
흐르는 것은 흐르지만 언젠가는 멈춥니다.
흐름은 진정 아름다운 멈춤이 있기에
빛납니다.
역사가 오랜 과거들의 힘찬 배웅으로
빛나는 것처럼….
강은 흐릅니다.
많은 멈춤들을 그 디딤돌로 하여,

용고을 16

-이도령 남원 방문기-

운봉(雲峯) 고갯길의 낯선 나그네여,
주천(朱川)의 철쭉을 그대 발밑에 뿌려
놓았으니 깨끗한 수지(水旨)의 청수(淸水)를
한 잔 들고 소나무 우거진 송동(松東)에서
잠시 쉬었다 가시게나.

긴 강은 일어서서 대강(帶江)을 이루고 높은
산은 일어서서 대산(大山)을 이루고 금지
(金池)의 연못에선 사매(巳梅)가 활짝 피니
주생(周生)의 뜰 안은 온통 붉은 빛으로
충만하다오.

보석 같은 덕과(德果)가 열리는 보절(寶節)의
계절에 산 너머 산동(山東)에선 웬 풍악소리가
울리고 있나요?

호랑이가 인월(引月)에서 담배 피던 시절부터
이미 아영(阿英)의 언덕에는 찬란한 축복의

빛이 내려왔었다오.
흥부네 집 박 터지는 소리가 온 산내(山內)에
가득했었다오.
동충(東忠)의 열 충신 열 효자가 사는 이 곳에
오늘 귀한 나그네가 오셔서 죽항(竹巷)의 거리
거리마다엔 대나무들이 긴 목을 내밀고 님의
방문을 축하하고 있다오.

노암(鷺岩)의 바위틈에 사는 해오라기야,
왕정(王亭)의 정자 위에 도령님을 위하여
진수성찬을 차려 놓아라.
그 위에서 어떤 제왕보다도 근사하게 이백
(二百)의 시를 읊으며 춘향이와 멋들어지게
술 한 잔 할 수 있게,
향교(鄕校)의 공자님보다 더 지엄하신
월매님의 도통(道通) 알 수 없는 잔소리를
자장가로 들으며…

용고을 17

–효자비(孝子碑)–

먼저 간 이가 전하고자 했던 뜻이
한 장의 석판(石板) 위에 빼곡이
적혀 있네.
수백 년 풍우(風雨) 속에 그 글자들
이제 다 이지러졌건만 아직 다섯
글자 오롯이 남아 있네.
'효자(孝子) ○○○'
무진(無盡) 세월이 남긴 숭고한 유품
(遺品)으로…

용고을 18

–섬진강(蟾津江)–

강은 흐르고 있었다.
내가 세상길에 나서기 전에 길이 보이지
않아 나의 길을 애타게 물어보던 물음의
삶을 살던 시절에도,

강은 흐르고 있었다.
내가 나의 얕은 생각을 바탕으로 하여
세상에 나아가 이리 쿵– 저리 쿵–
부딪히며 모험의 삶을 살던 시절에도,

강은 흐르고 있었다.
내가 세상에 보이는 모든 것들을 허구
(虛構)로 받아들이고 그것들로부터 멀리
떨어져 은둔의 삶을 살던 시절에도.

강은 흐르고 있었다.
내가 살다가 불쑥불쑥 내적 갈등이 일
때마다 '아니야, 이것은 내 문제가 아니야.

다른 사람들이 풀어야 할 문제들이야'라고
하면서 회피의 삶을 살던 시절에도,

2부

성내(城內) 마을

교룡산성(蛟龍山城)

–어머니–

머리에 수건 쓰고 나무하러 가던 어머니,
이제는 나도 늙어 어머니 뒤를 따라갑니다.
오래된 옛날을 생각합니다.
그리움으로 이끼 끼던 철부지 어린 시절을,
금방이라도 내 이름을 부르며
홍예문(虹霓門)을 넘어오실 것 같은 어머니.
뒷산 쪽 바라보며 눈만 깜박거립니다.
아직 제대로 날지 못하는 어린 새의
불안스러운 눈빛으로…

금동(錦洞)

–제비쑥–

그대 왜 자꾸 떠나시려고만 하시나요?
나 아직 그대를 그리워하고 있는데,
그대 가는 길에 돌무더기 두세 군데 놓아
그대가 그냥 가지 못하도록 하였습니다.
그대 가다가 살짝 발에 걸려 나에게 다시
돌아오도록 예쁜 짓을 하였습니다.
넘어져 상처가 나면 내가 입으로 호– 불고
금세 아물도록 제비쑥을 붙여드리겠습니다.
그리고 님의 무릎에 누워 이렇게 속삭일
것입니다.
"아, 세상에서 나는 가장 행복한 사람이다."

남원문화원

–남원아가씨–

오리정 솔밭 길에 봄바람 부니
해님도 종달새도 노래 부른다.
마음에 심어놓은 고운 우리 님,
지금은 어느 고개 넘고 계실까?
못 견디게 그리워지는 남원아가씨.

월매집 주막 등은 바람에 졸고
지리산 낙락장송 세월에 존다.
감로수 받쳐 들고 기다리던 님.
지금은 어느 강변 오고 계실까?
너무나도 보고파지는 남원아가씨.

남원방송국

–교통정보 안내방송–

운봉, 인월, 아영, 산내, 지리산 방향의
변강쇠 교통정보원입니다. 9월 9일 중양절
좋은 날입니다. 지금 인월과 아영에서
흥부제가 열리고 있어 교통이 붐빕니다.
'흥부 매 맞는 장면' 재현에 참여하실 분은
엉덩이에 수건 두 장 이상을 넣고 오시기
바랍니다. 매 맞아서 엉덩이가 벌겋게
달아도 주최 측에서는 책임 안 집니다.

사매 덕과 보절 방향 교통이 복잡합니다.
보절에서 삼동굿 놀이가 열리고 있기
때문입니다. 양촌, 음촌, 개신 마을의 세
동자를 앞세우고 기세배, 당산제, 우물굿,
삼동서기, 지네밟기, 마당밟기의 순서로
행사가 열립니다. 어린 아이와 함께 행사에
참여하시는 분들은 아이 관리에 신경을 써
주시기 바랍니다. 구경에 빠져 자칫 어린
아이를 잃어버릴 수 있습니다.

주천 구룡계곡 방향, 계곡으로 물놀이 가시는 분들로 붐빕니다. 몰지각한 운전자들의 갓길 통행도 이루어지고 있습니다. 아이들 물놀이 핑계대고 하루 종일 그늘에서 술 드시며 고스톱으로 시간을 보내지 말기 바랍니다. 그리고 술 드신 후에는 절대 음주운전 하지 마시기 바랍니다. 목숨이 위태롭고 아이들 보기에도 부끄럽습니다.

금동 광한루길 춘향제로 전국에서 인파가 몰려와 복잡합니다. 선남선녀 여러분들, 자가용차는 요천 변에 세워주시고 춘향이를 볼 사람은 목욕재개하시고 단정한 차림으로 광한루로 올라오시기 바랍니다.

의총로 남원공설시장 방향입니다. 출출한 점심때라 공설시장 내 식당가에 사람들이 붐비고 있습니다. 특히 순대집 앞에 장사진을 치고 있습니다. 얼큰하고 따뜻한 순대국 한 그릇과 소주 한 잔이 그리워지는 계절입니다. 피순대, 찰순대, 찹쌀순대, 야채순대, 오징어 순대, 갈비순대, 치즈고추순대, 삼색모둠순대, 아바이순대, 병천순대가 있으니 식성대로 골라 드시기 바랍니다.

동충동 시외버스터미널 앞 추석 명절이라 전국에서 온 귀성객들로 붐비고 있습니다. 손에는 가득 선물 꾸러미를 들고 있습니다. 마중 나온 부모 형제들과 강아지가 보입니다. 어떤 사람은 10년 만에 고향을 찾아왔다고 하는군요. 아무리 멀리 아무리 오래 떨어져 살아도 부모 형제와 고향을 잊지는 말아야 하겠지요. "귀성객 여러분들의 고향 방문에 우리 모두 매우 거시기하게 환영합니다."

남원보건소

– 아내가 주는 약–

아내는 매일 아침 나에게 보조식품
알약 여섯 개를 준다,
신진대사, 정력, 눈, 혈액, 관절,
순환기 그 외 여러 곳에 좋다 한다.
목구멍이 작아 약들을 한꺼번에
삼키기 어렵다.
하지만 모든 잡념을 떠나보내고
아내의 정성을 마음 보자기에 싸서
한꺼번에 꿀꺽 삼켜버린다.
놀랍도록 착한 순교자가 되어,

남원성(南原城)

–아버지 회고–

아버지 당신으로 인해 우울합니다.
힘든 노동으로 생계를 꾸려 오신 아버지,
아버지 몸에 하나 둘 상처가 생기고
여기저기 고장이 날 때마다 가슴이
미어집니다.
그토록 나를 힘들게 하였던 나의 아버지,
이제 눈이 안 보이고 귀도 안 들려 자식들
이 이야기 하는 소리를 제대로 듣지 못하는
나의 아버지,
전 아버지 없이는 하루도 살 수 없어요.
아버지 제발 건강하게 오래오래 살아주세요.
나의 바램입니다.
아니 일곱 자식들의 바램입니다.
남원성에 오를 때마다 아버지가 젊은 날에
뿌려 놓았던 많은 땀방울들이 세찬 비바람이
되어 나에 대한 질책으로 되돌아옴을 봅니다.
시원치 못한 나의 울부짖음과 함께 점차
앉은 채로 돌부처가 되어 가시는 나의 아버지,

사랑해요 아버지,
불충한 이 자식의 가슴에 서린 진한 애정으로.

남원시청
-일출-

해가 떠오르고 있다.
바람소리, 차 소리, 기차소리, 아이들
떠드는 소리 속에서 이슬로 목욕을 한
맑은 해가 삼신산(三神山) 마루 위에
떠오르고 있다.

해가 떠오르고 있다.
성주신, 조왕신, 용왕신, 터주신의
간원(懇願)과 조상들의 복된 음덕(陰德)
으로 우리들의 터전에 밝은 해가
떠오르고 있다.

해가 떠오르고 있다.
진달래 개나리 배꽃 복숭아꽃 살구꽃
여뀌 능소화 무궁화가 만발하는
이 고을에
찬란한 아침 해가 떠오르고 있다.

해가 떠오르고 있다.
거리거리마다에 손에 손을 잡고 모여선
우리들의 가슴속으로 지지 않는
용고을의 큰 해가 위풍당당하게
떠오르고 있다.

*성주신은 주인 신이고, 조왕신은 부엌 신이고, 용왕신은 우물 신이며, 터주신은 집터 신이다.

남원여객
–시골버스–

왁자지껄 시골버스 달려갑니다.
할머니 싣고 할아버지 싣고 아주머니
싣고 아저씨 싣고 며느리 싣고 손자
싣고 시골 장터를 향하여 달려갑니다.
나물 싣고 쌀 싣고 콩 싣고 미나리
싣고 달걀 싣고 버섯 싣고 강아지 싣고
닭 싣고 덜컹 덜컹 삐걱 삐걱 시골버스
달려갑니다.
언덕배기 신작로를 빙빙 돌아서 이리
쿵 저리 쿵 찧어가면서 마늘 냄새
파 냄새 막걸리 냄새 젓갈 냄새 개똥
냄새 닭똥 냄새 풍겨 가면서 앞 동네
옆 동네 아랫마을 윗마을을 들려들려
털털털 시골버스 달려갑니다.
탕탕 스톱–, 탕탕 오라–이,
안내양의 시원 상큼한 출발 신호로
시골버스 경쾌하게 달려갑니다.

남원의료원

–산업재해 환자 –

세상을 다 흔들 것 같았던 젊은 날의
기상(氣像),
그 기상 어디로 갔는가?
하얀 수의 속에 갇힌 창백한 얼굴,
삶의 후유증으로 머리, 목, 가슴, 배, 등,
허리, 무릎, 손, 발에 숭숭 구멍이 뚫린
사람들,
하루에도 몇 번씩 침상 머리에 앉아
지나간 과거를 생각하며 머리를 턴다.
"무엇이 나를 이곳까지 오게 만들었을까?"

남원향교

–행복한 사람–

사람으로 태어나 꽃과 나무와 동물과 다른
사람들을 측은지심(惻隱之心)으로 바라볼
수 있으니, 나 얼마나 행복한 사람인가?

병원 침상에 누워 대소변도 마음대로 보지
못하고 배 아프고 허리 아프고 잠 못 들고
목욕도 제 때 하지 못하는 사람들을
생각해보라. 나 얼마나 행복한 사람인가?

아침에 일어나서 노란 꽃 빨간 꽃 하얀
꽃이 꽃잎을 하나씩 하나씩 열어 세상을
향해 활짝 피는 것을 볼 수 있으니,
나 얼마나 행복한 사람인가?

아침에 일찍 일어나 이불 개고 진공청소기
돌리고 아침 체조 하고 FM 음악 방송
들으며 아침 운동을 하러 간 아내를
기다리는 나, 나 얼마나 행복한 사람인가?

아침에 일어나 관음전에 기도드리고 체조
하고 맑은 물 한잔 마시고 새로운 글을
쓸 수 있으니, 나 얼마나 행복한 사람인가?

남들은 직장이 없다고 노는데 집에서
병가로 쉬는데도 월급을 준다고 하면서
나오라고 하는 직장이 있으니, 나 얼마나
행복한 사람인가?

환갑이 넘은 나이에도 좋은 기술자라고
하면서 와서 일 해 달라고 하는 직장이
있으니, 나 얼마나 행복한 사람인가?

늘 내 곁에 있으면서 가족들의 안위와
행복을 비는 착한 아내가 있으니, 나
얼마나 행복한 사람인가?

잠 잘 때 손잡고 자고, 자고 나면 내 옆에
같이 숨을 쉬고 있는 아내가 있으니, 나
얼마나 행복한 사람인가?

달력에 누구누구의 생일이 언제인지를
표시 할 가족들이 있으니, 나 얼마나
행복한 사람인가?

토요일이면 팔순의 어머니를 모시고
중국집에 가서 맛있는 자장면을 사먹을 수
있으니, 나 얼마나 행복한 사람인가?

"이번 쉬는 날에는 다른 일 제쳐 두고
조용히 책상머리에 앉아 정말 제대로 된
시 한 수 써 봐야지" 하는 쉬는 날에 대한
기대를 갖고 사는 나, 나 얼마나 행복한
사람인가?

두 달에 한 번 초등학교 동창들 만나서
몸에 해로운 술 안 마시고 사이다 마시며
마음껏 떠들어 댈 수 있으니, 나 얼마나
행복한 사람인가?

한 달에 한 번 30년 째 서로 우정을 나눠
온 '기원정사(祇園精舍)' 친구들을 만날 수
있으니, 나 얼마나 행복한 사람인가?

1년에 두 번 40년 째 서로 우정을 이어 온
'양우회(羊友會)' 친구들을 만날 수 있으니,
나 얼마나 행복한 사람인가?

병원에 누워 있었을 때 친구에게 부담을
줄까봐 전화하기를 망설이던 그런 아까운
친구들이 있으니, 나 얼마나 행복한
사람인가?

농공단지

—노동(勞動)—

오랜 휴식 끝에 일을 한다.
일이 노동을 만들어냈다.
세포의 반복적인 재생에도 불구하고
나의 몸은 점점 사위어간다.
하지만 살아있는 한 노동은 계속된다.
노동은 나를 땀 흘리게 하고, 집중케
하고, 즐겁게 하고, 보람 있게 한다,
노동은 나를 또 다른 별 천지로
인도하는 좋은 안내자이다.

다문화 가족 지원 센터
–빈 아줌마–

멀리서 보면 별로 다를 것이 없고
가까이에서 보면 눈 코 입이 조금 다른
베트남 사람 응우엔–티–빈 아주머니.
삼십 도가 넘는 인삼밭에서 하루 종일
일하며 팔순 시어머니 모시고 스무 살
더 먹은 한국 사람 순돌이 아저씨와
아들 딸 낳고 오순도순 즐겁게 사는
한국말로 '사랑해 당신을'을 떠듬떠듬
불러 온 동네에 웃음꽃을 선사하는
사람 좋은 베트남 사람 응우엔–티–빈
아주머니,
아니 남원 사람 빈 아줌마,
사랑해요, 우리 모두.

대복사(大福寺)

–우울(憂鬱)–

긴 세월 속에 누군가 다녀간 것 같은
예감이 든다.
지척(咫尺)에 낮은 온기가 느껴진다.
솔숲 어딘가에 그의 흔적이 남아 있는
것 같다.
여러 번 주위를 돌고 나서 하늘을 본다.
지금쯤은 벌써 잊었어야 할 세월인데….
오래되어도 잊지 못하는 슬픈 과거가
만든 우울(憂鬱)이 하늘에서 뚝–뚝–
떨어짐을 본다.

동충동 남원역

–하얀 웃음–

새파란 젊은 날의 친구들,
‘하늘 아래 첫 동네’ 심원 갔다 오던
길에 남원역 앞에서 신나게 놀았지.
기념사진도 찍었지.
모두들 활짝 웃으며,
지금은 뿔뿔이 흩어져 간 친구들,
다들 어디에서 살고 있는지?
얼굴 본 지 너무도 오래되었다.
동충동 남원역,
이제는 기차가 지나가지 않는다.
느티나무 밑에서는 동네 노인들이
오수(午睡)를 즐긴다.
추억으로만 남은 남원역,
추억으로만 남은 친구들,
세월은 가도 젊은 날의 추억은
아직도 남원역에 남아 하얀 웃음을
만들어 내고 있다.

만복사(萬福寺)

–만복사저포기–

부처님과 저포 게임을 하다니 말이나 되는가?
부처님이 하도 측은하여 양생(梁生)에게 져
주었다.
양생은 예쁜 처자를 얻어 즐거운 시 문답도
나누고 꿈같은 시간도 보냈다.
예쁜 처자가 말했다.
"비단 장막 원앙이불에 짝 지을 이가 없어서
금비녀 반만 꽂은 채 퉁소를 불어보네.
아쉬워라 저 세월이 이다지도 빠르던가?
마음 속 깊은 시름이 답답하다.
낮은 병풍 속에서 등불은 가물거리는데
나 홀로 눈물진들 그 누가 돌아보랴.
기뻐라, 오늘밤에는 피리를 불어 봄이
왔으니 겹겹이 쌓인 천고의 한이 스러지네."
알고 보니 그녀 제대로 살지 못하고 젊은
날 죽은 처자였다.
그 처자 "당신도 이제 다시 정업(正業)을
닦아 저와 함께 윤회를 벗어나길 바랍니다."

라고 외치네.
양생은 진한 사랑이 다시는 오지 않을
것이라고 생각하며 홀연한 마음으로 인생
적멸보궁 지리산으로 들어갔네.

만인의총(萬人義塚)

—숙고(熟考)—

만인의 생각,
만인의 행동,
만인의 마음,
많은 사람들의 흔적을 바라보는
우리,
우린 지금 어디로 가고 있는가?
빼지도 박지도 못하는 구부러진
돌기 못을 사이에 두고,

사직단(社稷壇)

–기도–

오늘 하루를 잘 살았음에 대하여 감사
드립니다.
아침에 일어나 맑은 하늘을 볼 수 있어서
감사하고, 붉게 물든 저녁노을을 볼 수
있어서 감사하고, 반짝이는 밤하늘을
볼 수 있어서 감사합니다.
울적할 때 노래 부를 수 있어서 감사하고,
누군가를 용서 할 수 있어서 감사하고,
또 누군가를 좋아할 수 있어서 감사합니다.
지나간 하루가 잔잔한 평화로 승화되어서
감사하고, 나에 대한 고마운 마음이 나에
대한 믿음으로 아직 남아있음에 대하여
감사드립니다.

선원사(禪院寺)

–그림자 지우기–

아침에 일어나 누웠던 곳을 바라보니
누웠던 자리에서 김이 오르고 있다.
깜작 놀라 급히 일어나서 이렇게
외쳤다.
'이제 나로 인해 가려진 곳은 겨우
두 발바닥 밑뿐이다'
하지만 그것도 잠깐,
방문 틈으로 아침 햇살이 들어오자
지금까지 가려진 것보다도 훨씬 더
크고 긴 나의 그림자가 온 방안을
가득 채우고 있었다.

시외버스터미널
–우주 이민–

떠나간다.
한 사람
제 1 태양계로,
또 떠나간다.
한 사람
제 2 태양계로,
지구의 인구수를 조율해가면서
다시는 돌아올 수 없는
먼 외계로 가는 눈물의 이민선에
이별의 몸을 싣는다.

용성관(龍城館)

–빈 방–

타향 객지에 빈 방,
아무 데나 들어가 피곤한 몸을 부린다.
세상엔 아직 여기저기에 빈 방이 많다.
사는 것은 여백이다.
숙소엔 빈 방이 있다.
빈 방은 자유다.
허전함은 달랠 수 있어도 폭발함은 막을
수 없다.
적당히 여백을 두고 살아야 한다.
오늘도 세상은 변하고 내일도 무슨 일이
생길지는 모르지만 그것이 늘 나와 무슨
연관성을 갖고 있는 것은 아니다.
적당히 쉬어야 한다.
돌아가야 한다.
처음 상태로,
우리 빈 방을 가득 채우려 하지 말자.
빈 방은 여유다.
활력이다.

이도령과 춘향이 같은 신사 숙녀가 곱게
하룻밤을 묵어 갈 수 있는 빈 방 하나
쯤은 늘 비워놓고 살아야 한다.

월매집
–월매의 소원–

딸년의 반란,
나의 욕심?
아니야,
너라도 행복하게 잘 살아야지.
아,
가없는 세월,
복 없는 년의 팔자,
걸어 온 가시밭길의 세월들,
그래 너라도 꼭 좋은 놈 만나서 이
지옥 같은 염천(炎天)을 벗어나거라.
시정잡배 어떤 놈이 "말도 안 되는
수작으로 금수저를 들었네"라고
떠들어대도,
두 눈 꼭 닫고 두 귀 꼭 막고서
바짓가랑이 꽉 붙들고 그놈 따라
한양으로 가거라.
부귀영화가 기다리는,

춘향테마파크

–벚꽃–

온 산 온 천변에 흐드러지게 피는 꽃,
봄 한 철 화려한 꽃 잔치로 구중궁궐의
여인들을 다 불러내 놓고 안개 물러가듯
너무도 황망하게 사라져가는 꽃,
하얀 꽃,
맑은 꽃,
그 꽃 느낌 오래 오래 간직하고파
머릿속에 고이 간직해둔다.

88고속도로

-달리는 사람들-

정신없이 달려가고 있는 사람들 사이에서
당신을 발견합니다,
높은 고갯마루 휴게소에서 당신에게 묻습니다.
"당신은 왜 조선팔도 여기저기를 허겁지겁
왔다 갔다 하고 있습니까?
그 옛날 김정호는 '대동여지도의 완성'이라는
목표를 정해 놓고 조선팔도 여기저기에 족적을
남겼는데 당신은 무엇 때문에 조선팔도
여기저기를 뚜렷한 목적도 없이 왔다 갔다
하고 있습니까?
이제 당신이 젊었을 때 즐겨 사용했던
'역마살'이란 의족은 다 닳아 없어진 상태인데
그래도 당신의 돌아다님에 대한 의지만은
아직도 여전하군요?
피스토리우스가 그의 의족(義足) 플렉스-풋
(Flex-Foot)에 대한 평가와는 상관없이
지금도 세계 이곳저곳을 왕성하게 달려가고

있는 것처럼... "

*피스토리우스: 두 발에 플렉스-풋(Flex-Foot)이란 탄소섬유 강화 의족을 착용하고 정상인을 능가한 뛰어난 달리기 실력을 보여주는 남아공의 장애인 육상 선수.

항공우주천문대

–블랙홀(black hole)–

나타난다.
블랙홀,
허공 속에서,
사라진다.
블랙홀,
허공 속으로,
모든 것을 한꺼번에 뱉어내고 거두어들이는
블랙홀,
나도 언젠가는 그곳으로 떠나가야 한다.
진수(眞數)도 기수(基數)도 없는 수렴(收斂)값
영(0)의 자리로 나의 자리를 내어놓고
떠나가야 한다.
오월 어느 따스한 날 댓돌에 신발 한 켤레
남겨 놓고 살며시 그곳으로 들어가야 한다.

향토박물관
–호모에렉투스–

닳고 닳아 광택이 나는 하얀 백골을 보고
있다.
나는 과거의 사람을 보고 있고 과거의
사람은 나를 보고 있다.
청춘인 그는 박물관에서 나오려 하고 있고
노인인 나는 박물관 속으로 들어가려고 하고
있다.
박물관 안의 거울 속엔 두 사람이 함께
공존할 공간은 보이지 않는다,
거기에 나는 없고 주인인 백골이 두 눈을
크게 뜨고 나의 일거수일투족(一擧手一投足)
을 지켜보고 있다.
나는 누구인가?
태어날 때부터 자연도태설과 용불용설에
강하게 휘둘려 온 나.
나는 그동안 얼마나 진화하며 살아왔나?
나는 평생을 주변인으로 살아왔다.
나의 진화는 시대에 맞게 이루어진 것이

하나도 없다.

나는 호모사피엔스가 아니다.

나는 호모에렉투스다.

*호모에렉투스(homo-erectus): 신생대 4기 홍적세에 살았던 초기 인류 직립 원시인.

*호모사피엔스(homo-sapiens): 현생 인류에 가장 가까운 모습을 보이는 문자와 도구를 사용한 40만 년 전의 원시인.

3부

들마을

계수리(桂壽里)
–물 대기–

오랜 가뭄 끝에 비가 내렸다.
어머니가 일군 산비탈 다랑논에
물이 고였다.
쌀가루 같은 흙 속에 진한 활명수
(活命水)가 스며들어 지친 생명들의
숨통을 터놓았다.
물은 넘치고 넘쳐 여유의 강물로
흘러 들어간다.
초목과 풀벌레들의 안심에 찬 힘찬
합창 소리를 뒤로 하고…

남원대대

–나와의 전쟁–

어린 시절에는 먼 것을 보지 못하고
가까운 것만 바라보며 살았다.
나 속에 내가 빠져 살았다.
그땐 나 아닌 사람이 모두 나의 적이었다.
그러다가 나이가 들면서는 오히려 나와
싸우기 시작하였다.
나의 영역을 벗어나려고 몸부림쳤다.
그때는 순진무구함으로 표현되는
나 자신이 자신의 발전을 가로 막는
가장 큰 걸림돌이라고 생각하였다.
이제 더 나이 들어 안팎으로 서리가
내리는 지금 나는 나의 '비무장지대'에
들어 서 있다.
'무조건 평화'라고 쓰여 있는 팻밀을 들고
지나온 여러 나들 사이에 서서 외롭게
1인 시위를 하고 있다.

남원변전소
-고추잠자리-

산마루 고압선에서는 하루 종일 윙-
윙- 전기 흐르는 소리가 난다.
빨간 고추잠자리 한 마리가
비행기도 무서워하는 고압선 사이를
은빛 날개를 번뜩이며 자유롭게
이리저리 날아다닌다.
날다가 힘들면 고압선에 앉아 쉰다.
고압선 위에서 걱정이 없는 내일을
설계한다.

농민상담소

—귀농난제(歸農難題)—

너무도 쉽게 귀농(歸農)이라고 한다.
너무도 쉽게 자연으로 돌아간다고 한다.
시인이 진정 시 한 줄 제대로 쓰기 힘들 듯
씨앗 준비, 땅 고르기, 물 대기, 써레질하기,
씨 뿌리기, 잡초 제거, 농약 주기, 가을거두기,
돼지 새끼 받기 등으로 이어지는 농사일이
진정 쉬운 것이 아니다.
영화관, 지하철, 포장도로, 병원, 약국도 없는
시골 생활이 꿈처럼 달콤하지도 않다.
지렁이, 거미, 노래기, 곱등이, 돈벌레, 바퀴벌레,
사마귀, 벌, 뱀이 느닷없이 친구해달라고 나오는
시골 생활이 그리 달갑지도 않다.
시도 때도 없이 자명고를 찢듯 울어대는 수탉의
비명소리를 들어야 하고 불쑥 불쑥 "이곳을
떠나야 하나?" 하는 실망감과 싸워야 한다,
이런 것 저런 것 다 받아들이고 곪은 상처에
몇 번이고 새살이 돋을 때까지 이 악물고
견뎌야 한다.

발붙이고 사는 이곳이 '나의 마지막 머물 곳'
이라는 절망감에 이를 때까지…

대산초교(大山初校)

–회전 교차로–

다투지 않고도 제 갈 길을 갈 수 있는
회전 교차로,
그 앞에 서면 "내 차례는 언제 오나"
하며 기다리던 회전그네 타던 어린
시절이 떠오른다.
회전교차로,
가끔은 현대인에게 답답함과 지루함으로
다가올지 모르지만 빨리는 못 가더라도
누구나 안전하게 빙빙 돌아 제 갈 길을
갈 수 있으니 이 얼마나 좋은 길인가?
단, 한 가지 부탁 사항은 쓰여 있네요.
"진입 차량은 회전 차량에게 양보하세요."

덕과초교(德果初校)

–걸레–

나도 원래는 어느 님의 얼굴을 닦아주던
깨끗한 수건이었다.
나 목욕 재개 후 걸레로 다시 태어났다.
이제 이 지구를 닦는 데 내 마지막
한 목숨을 다 하고자 한다.
지금은 청소 시간이다.
스피커에서 '에드워드 엘가(Elgar)'의
'위풍당당행진곡'이 울려 퍼지고 있다.
내 앞에 구정물 자국, 페인트 자국,
반찬 국물 흔적, 기름때가 보인다.
나 그들을 반갑게 맞아들인다.
그리고 외친다.
"당신들이 지금까지 쌓아온 억울함과
분노와 스트레스를 모두 내게 주시오. 그
괴로움을 이제 다 내가 안고 가겠습니다."

만행산(萬行山)

–만행(漫行)–

여름 장마 속,
“씨앗 뿌리고, 나무 물주고, 돼지 밥 주고,
만나야 할 사람 만나고… ”
해야 할 일들이 하나 둘 수면 위로 떠오른다.
꾹꾹 눌러 보이지 않게 감춰둔다.
하지만 그것도 잠깐,
다시 해가 뜨면 다 하지 못한 일들이 만들어낸
걱정이 금세 불어터져 스트레스로 쌓인다.
아 다람쥐 체 바퀴 돌리기 같은 삶,
언제 한 번 이 굴레에서 벗어나 자유롭게
살아보나?

무동산(舞童山)
–동지(冬至)–

그녀가 떠났다.
이제 그녀는 나와는 다른 하늘 밑에서
숨 쉬고 있다.
함박눈 같은 그녀,
그녀가 그립다.
나와 같이 꼭두새벽에 일어나 새벽
달빛을 받으며 출근버스에 오른다던
그녀,
그녀는 지금 어디에서 무엇을 하며
살고 있을까?
그녀와 함께 바라보던 겨울 하늘엔
어둑어둑 회색구름이 흐르고
낮달이 미안한지 천황봉 아래 빼꼼히
맨 얼굴을 내밀고 있다.

사곡송림(沙谷松林)

—회상(回想)—

긴 세월을 살아왔다.
반은 내 정신으로,
반은 내 정신 아니게,
늘 떨리는 걱정과 불안 속에서…
세월마루에 서서 뒤돌아본다.
후회(後悔)가 아득히 밀려온다.
'그땐 왜 그렇게 한 치 앞이
안 보였던지?'

사매(巳梅)
–할머니마을–

할아버지들은 저승으로 자식들은 도회지로
모두 떠나버리고 빈 집엔 할머니들만 살고
있습니다.
여기에서는 그 어떤 것도 새로 만들어지지
않습니다.
함석지붕도 토담도 찌그러진 양철대문도 늘
같은 모습을 보이고 있습니다.
하지만 마을에서 유일하게 날마다 변화되는
것이 하나 있습니다.
그것은 동네 왕 할머니 집에서 벌이는
10원짜리 고스톱 판입니다.
도회지에서는 길가에 떨어져 있어도
주워가지 않는 10원짜리 동전이 그날 재수
좋은 할머니 앞에 쌓입니다.
화투치다 모르는 사람이 지나가면 자기 집
손님인지 알아보려고 모두들 학처럼
긴 목을 빼고 내다봅니다.
마당의 강아지도 그늘 밑의 병아리도

모두 평온한 조용한 산골마을 할머니마을
풍경입니다.

산업단지
-나의 자리-

나는 실험실에서 일한다.
내 주위는 위험한 약품들로 가득 차 있다.
어떤 약품은 먹으면 금방 죽고,
어떤 약품은 먹으면 입으로 가스가 나오고,
또 어떤 약품은 먹으면 배에서 폭발이
일어난다.
실험실은 위험 지역이다.
실험실에는 하루 종일 환기팬이 돌아간다.
사람들은 실험실에 오래 있으려 하지
않는다.
나의 자리는 그 누구도 오래 있으려 하지
않는 위험한 자리이다.
그래서 나는 오히려 마음이 편하다.
나는 나의 자리에서 내 주위의 약품들이
불만을 갖지 않도록 기분을 살살 맞추어
가면서 조심스럽게 내 일을 수행한다.

서도리(書道里)
-고구마-

매운 연탄불에 눈물을 실실 흘리더니
뚜껑이 덜렁덜렁 열리고 김이 난다.
여수행 완행열차 떠나가신다.
드르렁 드르렁 덜컹 덜컹 뽁- 뽁-
뚜껑을 열어 제치니 금세 목욕을 한 시골
새악시의 몸매가 어여쁘다.
이리 저리 뜯어 고친 도시 여자보다 훨씬
아름답고 매끈하다.
호호 불어 한 입 물고 하늘을 본다.
입안에 번지는 고소한 맛,
으- 윽-
입천장은 이미 내 것이 아니다.
고구마, 네 뜨거운 정성으로 나 여태
그렇게 살아왔다.
아직도 또 그렇게 살고 있다.
밥 없으면 시리얼 먹는 손자와 밥 없으면
라면 먹는 애 엄마에게
그 옛날 목동별이 빛나던 밤 내가 사랑에서

화롯불에 호박고구마를 구워먹던 시절의 이야기를 재미나게 해주었다.

석수암(石水庵)
–바루 공양–

청룡(青龍), 백호(白虎), 주작(朱雀), 현무(玄武)
에 음식을 덜어놓고 소리 안 나게 조용조용
먹고 있는가?
음식을 섭취함이 배부르기 위함이 아니고
도(道)를 깨닫기 위함이라는 것쯤은 익히 알고
있는가?
수많은 고승들이 무릇 적은 양의 음식만으로도
훌륭히 생노병사(生老病死), 고집멸도(苦集滅道),
색즉시공(色卽是空), 공즉시색(空卽是色)으로
인도되는 도(道)를 깨닫고,
마하반야바라밀다(摩訶般若波羅密多)를 이루어
갔음을 그대는 진정 알고 있는가?

*마하반야바라밀다(摩訶般若波羅密多):'큰 지혜의 완전한 성취'를 말함.

오리정(五里亭)

-오리정에 올라-

세월 흐르니 머리에 흰머리 하나 둘 생겨
온통 쉰 옥수수 밭이 되어가더니
이제는 그마저도 빠져 군데군데 민둥산이
되어가는구나.
얼마 안 가서 마음만 남은 청춘이 되겠지만
그 누가 가버린 청춘을 다시 데려와 논다고
하여 이 몸보고 젊은이 행세를 한다고
비웃으리오.
속 빈 마음 달래보려고 경치 좋은 오리정에
올라 나그네 억하심정(抑何心情)을 시 한 수
로 풀어본다오.
"사각 오리정 안에 홀로 앉은 노인 하나,
그대여 진정 외로워하지 말게나. 하늘 위에
해도 하나 뒷동산에 달도 하나 정자 밖에
늙은 소나무도 하나, 비록 하나라서 외롭지만
하나라서 서로 친한 벗이 그냥 되지 않는가?"

용산리(龍山里)
–어머니와 쇠비름–

찌는 듯한 뙤약볕 아래에서 어머니가
풀을 뽑는다.
긴 세월 입어 구멍이 난 삼베 적삼을
입고 고개를 들어야 겨우 하늘이 보이는
고추밭을 맨다.
어머니는 호미로 쇠비름 한 포기를 캐어
다른 흙속에 묻어주며 말한다.
“너도 나처럼 모질게도 이 땅을 떠나지
못하는구나.
너나 나나 어차피 억세단 소릴 들으며
살아왔다.
네가 조금 먼저 땅 속으로 들어가려무나.
그리고 다음 생에는 사람들이 좋아하는
예쁜 봉선화로 태어나려무나.
팔자 사나운 이 년도 남은 복이 있다면
다음 생에는 너와 같이 예쁜 봉선화로
다시 태어나고 싶구나.”

응령역(應嶺驛)
–달구지–

큰 눈망울에 하얀 수염을 가진 마부가
있었습니다.
그는 나의 친구의 아버지였습니다.
그는 가끔 이상하게 말처럼 히힝– 하는
헛기침소리를 내었습니다.
언덕 위의 그의 집 마루 한 쪽에는 늘
말을 모는 막대기와 시커먼 스포츠
모자가 가지런히 놓여 있었습니다.
하지만 나는 한 번도 그가 그의 말을
막대기로 때리는 것을 본 적은 없습니다.
나의 관심사는 오로지 그가 언제 말에
달구지를 매달고 신작로로 나오느냐
하는 것이었습니다.
그러면 다른 때처럼 학교 오가는 길에
마부 몰래 달구지 뒤에 매달려가지
않고도 달구지 타는 고소함을 보다
편안하게 즐길 수 있기 때문이었습니다.

초촌리(草村里)

–봄–

봄이 오고 있다.
봄은 앉아서 오고 서서 오고 기다리는
사람들의 긴 목을 타고 오고 있다.
어떤 때는 헐레벌떡 뛰어서 오고, 어떤
때는 휴게소에서 쉬었다 오고, 어떤
때는 청승맞게 골목길을 돌아서 오고,
또 어떤 때는 살짝 키를 낮추어서
여우키로 앙증맞게 오고 있다.
봄은 기다리는 사람들의 성정(性情)에
맞추어서 늘 정성(精誠)으로 오고 있다.

한울학교

–보람 있는 삶–

나 아직 살아있다.
여러 사람들의 헌신(獻身)으로,
누군가의 피와 누군가의 뼈와 누군가의
살로 고장 난 이 몸을 수리하고,
아직 두 눈으로 보고, 두 귀로 듣고,
두 손으로 만지며 살고 있다.
나의 삶,
이제 나만의 삶이 아니다.
내 안에 들어와 나를 돕고 있는 여러
사람들의 뜻을 받들어 그들이 원하는
삶을 내가 살아가야 한다.

호암시비공원(湖岩詩碑公園)

–시비(詩碑) 앞에 서서–

길가에 우뚝 서 있는 비석들의 웅성거림,
웬일인가 다가가보니 선조님들의 시가
줄줄이 쓰여 있습니다.
무릇 많은 선조님들이 이 일 저 일 온갖
세상사 겪으시면서 일필휘지(一筆揮之)로
써 놓으신 시들입니다.
시마다 깊은 사연과 정성이 담겨 있습니다.
자연을 친애하고 사람을 좋아하고 인생을
사랑하심이 구구절절 가득합니다.
시 구절 한 구절 한 구절 떠다가 마을
어귀에 다리를 놓아 동네길 오갈 때마다
음미하고 지나다녀 나도 죽기 전에 멋있는
시 한 수 짓고 신선으로 살아볼까 합니다.

*호암시비공원: 남원시 보절면 만도리에 있다.
조선시대 남원과 관련된 시인인 노진, 김화, 소산복, 오정길, 최상중, 백용성, 고경명, 안성, 소연, 윤효손, 김선, 김삼의당, 양성지, 이정, 황희, 신흠, 정철, 강희맹, 심구령, 이서 등 이상 20분의 시를 비석에 새겨 전시하고 있다.

4부

강마을

가덕리(加德里)

–당산나무–

산 가지로는 하늘을 받치고 죽은 가지로는
하늘을 가리고 잎은 듬성듬성 떨어뜨려
하늘을 보여줍니다.
어릴 적 고향 떠나 서울로 간 사람들,
아직도 잊지 않고 살고 있을까요?
당산나무 그늘 아래 모여 놀던 그 시절을,
고향 떠난 사람들의 고향 그리워함도
당산나무 등껍질처럼 세월이 차곡차곡 쌓여
점점 단단하게 굳어져가고 있을까요?
여름이면 물 푸르고 가을이면 산 붉은 고향,
서울 하늘 밑 여기저기에 흩어져 살아도
당산나무 뿌리처럼 서로 부둥켜안고 고향
그리워하며 살고 있을까요?

고리봉

–출항–

자 때가 왔다.
떠나자.
고래의 전설을 쫓아서,
흰긴수염고래, 범고래, 혹등고래, 흰돌고래,
향유고래, 이빨고래, 돌고래, 귀신고래,
밍크고래...
고래들의 포효하는 소리가 우렁차게 들려온다.
나의 지혜는 이미 어떤 고래도 춤추게 할 수
있는 칭찬과 노래를 준비해 놓았다.
나의 배는 가라앉지 않는다.
난 이미 나의 배의 중심(重心)을 우주의
평형심(平衡心)에 맞추어 놓은 지 오래이다.
내 앞에 놓여있는 모든 어려움들은 나의
장애가 되지 못한다.
'우우 우웅 우우삐 끽끽 뿌우우'
눈으로 보는 것보다도 소리로 물체를 더
정확히 본다는 고래의 전설을 쫓아서 닻과
돛을 올리고 힘차게 수평선을 달려 나가자.

구룡계곡(九龍溪谷)

–구룡폭포(九龍瀑布)–

구불구불하게 늘어진 오솔길,
향긋하게 나는 솔향기,
산마루를 때리는 세찬 물줄기,
물줄기를 따라 늘어선 오색 무지개.
산문(山門)을 떠나 멀리 있어도
늘 생생하게 기억되는 멋진 숲속의
향연.

구룡암(九龍庵)

—암자(庵子)—

그대 어디에서 왔나요?
그대 어디로 가려고 하나요?
그대 아직도 깨달음이 부족하나요?
그대 무엇이 모자라서
백척간두(百尺竿頭) 벼랑에 서서
또 다른 수행 길을 떠올리나요?

김주열 묘지

–여보, 젊은이–

여보, 젊은이 자넨 왜 그렇게 오랫동안
탈색된 액자 속에서 빠져나오지 못하는가?
여름방학이니 어서 나와 어머니 아버지에게
효도하러 달려가야 하지 않는가?
햅쌀밥에 금지 참외 맛도 봐야 하지 않는가?
팔월의 햇살은 저리도 청명한데,
어느 궂은 사람들이 자네를 그토록 오랫동안
영어(囹圄)의 상자 속에 가둬놓고 있단 말인가?

녹야정(綠野亭)

–취중망언(醉中妄言)–

술 한 잔 마시다 보면 입 밖으로
내뱉는 이런 말 저런 말,
진심이라고 내뱉는 쓸 데 없는
망언(妄言)들,
이미 나이가 들었는데도
아직도 내 입이 제 자릴 찾지
못하고 있으니
제 버릇 개 못주고 반복하는 이 짓,
염사(殮師)가 염하러 올 때까지
계속하려나.

대강(帶江)

—순자강(鶉子江)—

강이 흐르고 있다.
순한 강물이 흐르고 있다.
눈과 바람과 비를 품고
하늘을 기대어 흐르고 있다.
동네 노인이 들려주는
'효자 아들이 메추라기로 아버지의
병을 낫게 했다'는
강에 얽힌 옛 이야기를 들으며
한 발 두 발 조심스럽게 바다를
향하여 내딛고 있다.

몽심재(夢心齋)

—능소화(凌霄花) 당신—

님을 보고 있느라고 주위에 다른 꽃들이
피어있음을 잠시 잊었습니다.
즐거우나 괴로우나 화사하게 피어 주위를
밝히는, 자신의 능력으로 자기의 자리를
만들어가는 당찬 당신을 보았습니다.
나 혼자만이 님을 알고 나 혼자만이 님을
사랑하고픈 당신입니다.
행여 님의 자태가 흐트러질까봐
조심스럽게 손을 잡고 조심스럽게 님을
안고 조심스럽게 진한 사랑의 입맞춤을
합니다.
그리고 나 스스로 끝까지 님을 지키겠다는
굳은 서약을 합니다.
곁에 있으나 떠나 있으나 늘 생각나는
오래 오래 기억되는 예쁜 당신입니다.

무진정(無盡亭)

-죽순-

바르게 자란 사람이 바른 생각을
합니다.
바른 생각을 하는 사람이 바르게
삽니다.
무상무념(無想無念)의 죽순이 쑥쑥
올라오고 있습니다.
없을 무(無) 다할 진(盡)의 무진정
(無盡亭) 대밭에서.

문덕봉(文德峰)

–복중(伏中) 대화–

미동(微動)이 없는 세상,
코와 입과 눈을 하늘로 내놓은 채
사람들이 더위 속에 빠져 있다.
가쁘게 숨을 몰아쉬고 있다.
휴– 어디선가 장탄식이 오른다.
가늘게 살아 있음을 알린다.
에–헴– 나도 약하게 헛기침을 한다.
나도 살아있음을 알린다.

방동리(芳東里)

–포도 축제–

산과 구름과 바람과 들이 대화를
주고받더니 심한 산고(産苦) 끝에 청색
여의주를 탄생시켰습니다.
알알이 들어와 박힌 영롱한 진주알들이
아침 햇살에 반짝이고 있습니다.
태양의 마차가 지나가는 방동(芳東)의
거리에서 포도의 풍성한 수확을 알리는
디오니소스의 대축제가 열리고 있습니다.

*디오니소스: 포도의 신.

방산(芳山)나루

-소금배-

섬진강 소금배가 강을 올라갑니다.
밤새도록 술을 먹고 떠들어댄 사공 명수
놈의 술주정이 아직도 귓가에 남아서인지
구관조의 목소리로 삐그덕 삐그덕 이상한
소리를 지르면서 휘청 휘청 강을 올라갑니다.
마치 자기가 본 세상이 그렇다는 듯이
가끔은 뜻 모를 방언(方言)으로 뿡- 뿡- 뿡-
방귀까지 뀌어가면서
주막집 여인네의 웃음보다도 더 헤픈 세월을
가르며 방산리 나루터를 지나갑니다.

보련암(寶蓮庵)

–차 한 잔–

김이 모락모락 피어오른다.
아지랑이 사이로 흘러온 삶이 보인다.
어머니 치마 속을 이리저리 드나들던
시절,
콧물 죽– 죽– 들이마시며 이 사람 저
사람 눈치 보던 시절,
굴렁쇠 굴리며 온 동네를 미친놈처럼
혼자 돌아다니던 시절,
보물찾기에서 보물을 하나도 찾지 못해
마냥 허탈해 하던 시절,
시골에서 어른들이 먹는 고봉밥을 먹고
뒤로 놀라 자빠지던 시절,
술 왕창 마시고 학교에서 집까지 크게
유행가 부르며 가던 시절,
회사에서 기술 배우겠다고 밤늦게까지
혼자 일하던 시절,
차 한 잔의 여유가 가져다 준 한가로움이

지나간 시절들의 추억을 가지런히 줄지어
떠오르게 한다.

송동(松洞)

–인연(因緣)–

어쩌다 오다가다 만난 인연이라도
세월이 흐른 뒤 예수의 성의(聖衣)나
석가의 나발(螺髮)을 꿈에서 본 것
같은 그런 생생함으로 다가온다면
이는 필경 친한 우정이 아니어도
달콤한 사랑이 아니어도
평생에 좋은 인연으로 꼭 한 번은
만났어야 할 사람입니다.

수지(水旨)

-수지(水旨)를 아십니까?-

수지(水旨)를 아십니까?
참 물이 시작되는 곳,
물맛이 유난히 좋은 곳.
이곳이 있음에 우리의 마음이
신통한 곳(神統場)이 되고,
이곳이 있음에 우리의 마음이
밝은 터전(光明堂)이 됩니다.

(水旨心是神統場 水旨心是光明堂)

십노사(十老祠)

–명분(名分)–

명분을 갖고 사는 일은 중요합니다.
왜냐하면 그것이 자신의 마음을
편안하게 만들기 때문입니다.
하지만 누군가 그 속에서 편안해
할 때 또 누군가는 그것 때문에
불편해 할 수 있음도 함께 알아야
합니다.

장포리(長浦里)

–우리상회–

장포리 동네 앞 큰 가게 하나,
파란 바탕에 하얀 글씨 '우리상회',
누구나 지나가다 '이상하다' 하여
사진을 찍고 가는
하늘 밑 큰 가게 '우리상회'.
있을 것은 다 있고 없을 것은 없는
우리 동네 '우리상회'
우리 가게 '우리상회'.

주생(周生)
-남원골 이발소-

“외출 중, 용무 있으신 분은 아래 번호로
연락 주시기 바랍니다.
063-631-0000, 017-627-0000.”
빙빙 돌아가는 삼색등, 이발사의 쉰 기침
소리, 깨진 유리창, 물 먹은 거울, 운명의
끝을 향해 재깍재깍 돌아가는 벽시계,
손님들을 숙연케 하는 벽에 붙은 그림들:
최후의 만찬(많은 사람들의 식사), 소녀의
기도(오늘도 무사히), 푸시킨의 시(생활이
그대를 속일지라도...).
코흘리개 아이들의 머리를 깎기 위해 의자
위에 큰 널빤지를 하나 더 얹은 그 이발소,
언제까지 삼색등 돌아가려나?
전설 같은 옛 이야기 담고,

주생역(周生驛)

–주생역–

기차가 서지 않는 간이역입니다.
'주생역'
하늘을 맞대어 파란 이름표가 우뚝 솟아
있습니다.
허리 밑에는 맞이방(waiting room, 待合室),
표사는 곳(tickets, 賣票所)이라고 3개 국어로
적혀 있는 안내판이 붙어있습니다.
아무도 없는 주생역,
역장도 없고 역무원도 없고 손님도 없습니다.
참새도 귀뚜라미도 울지 않습니다.
청색 바탕에 하얀 글씨로 "여기는 코레일의
관리시설입니다. 이곳에 무단으로 들어가시면
안 됩니다. 감시카메라가 24시간 돌아가고
있습니다."라고 쓰여 있는 무서운 출입금지
경고판만이 종일토록 공포감을 자아내고 있을
뿐입니다.

주생초교(周生初校)
-운동장 풍경-

주생 초등학교 운동장 한 쪽에는 세종대왕,
이순신, 신사임당, 유관순 네 분의 동상이
계십니다.
백성을 내 몸처럼 보듬어주었던 세종대왕,
백성을 위하여 소리를 내는 기관, 하늘, 땅,
사람을 결합시켜 스물여덟 글자를 만들어
내셨던 발명의 대가님.
님이 계셨기에 내가 지금 한글로 세종대왕,
이순신, 신사임당, 유관순이라고 쓰고
있습니다.
자식 잘 기르고 독서 열심히 하고 남편 잘
모셨던 신사임당,
자식 과외 안 시키고 직접 가르쳐 과거에
합격시켜 국가의 큰 인물로 길러내신 분.
언제나 큰 칼 옆에 차고 깊은 시름해가며
나라를 걱정하셨던 이순신 장군,
"백의종군은 아무나 하나"라고 하며 마음
비우기를 밥 먹듯이 하셨던 님.

죽는 순간까지도 "나의 죽음을 알리지 마라"
라 하고 초월(超越)의 강한 이미지를 남기고
가신 님,
죽어서도 영원히 젊은 누나로 살아있는
유관순님,
다른 세 분은 죽어서 백 원, 만 원, 오만
원짜리 화폐 한 쪽을 차지하고 계시지만
님은 오로지 일편단심으로 아직도 다
이루어지지 않은 '대한 독립 만세'를
열심히 외치고 계시는 분.
네 분 어른들, 칠월의 나무 그늘 아래에서
사이좋게 졸고 있습니다.
아이들이 운동장에서 재잘재잘 떠드는
소리를 자장가로 들으며,

천신암

–운명(運命)–

하늘을 향해 기도를 한다.
"나 이렇게 되게 해 달라"고,
하늘을 향해 또 기도를 한다.
"나 저렇게 되게 해 달라"고,
수없이 많은 나를 만들어 놓고
오늘은 "이렇게 되게 해 달라",
내일은 "저렇게 되게 해 달라"고
기도를 한다.
그러다 어느 날 갑자기 불쑥
일어나 평상 시 기도와는 전혀
상관이 없는 다른 길로 미친 듯이
달려간다.

초리(草里)

—인생(人生)—

누구나 한 번은 그렇게 살다 갈 것 같은
아니 누구나 한 번은 절대로 그렇게는
살다 갈 것 같지 않은
나와 또 다른 나와의 투쟁.
밤이면 징검다리 하나 둘 놓고 정신없이
장돌뱅이처럼 떠나갔다가
아침이면 그 돌다리 다시 밟고 엄친(嚴親)
엄마처럼 돌아오는,
마음 속 파도 일 때마다 조용히 물어본다.
"여보, 나 지금 잘 살고 있는 거야?"

최락당(最樂堂)

–서당(書堂)–

‘學而時習之 不亦說乎(학이시습지 불역열호)’
아이들이 스승님을 따라 읽습니다.
‘배우고 또한 익히면 즐겁지 아니한가?‘
나이를 먹어도 배움은 끝이 없습니다.
‘안이비설신의(眼耳鼻舌身意)’의 감각은
떨어질지 모르지만 배움에의 길은 늘
바람처럼 신선합니다.

춘향묘(春香墓)

—상봉(相逢)—

그대 보려고 오는 사람 몇 십만인가?
그대 보려고 오는 길 몇 천리인가?
그토록 많은 사람들이 그토록
먼 곳에서 그대를 보려고 오건만
그대는 없고 황망한 무덤 한 채
덩그러니 놓여 있구려.
너무나 멀고 먼 그대에게 가는 길,
그대 진정 나를 사랑한다면
그대 영혼이라도 어서 버선발로 달려
내려와 나를 안아 주구려.

풍양사(楓陽祠)

–단청(丹靑)–

곡촌(谷村)마루 풍양사(楓陽祠) 높고 높은데
하늘은 더 높습니다.
오월의 푸르름 속에 새색시가 사뿐히
서 있습니다.
내삼문(內三門) 안으로 들여다보이는
고운 회장저고리를 입은 여인네의 자태,
예쁜 칠보단장이 수려합니다.
녹색, 주황, 노랑, 검정, 보라로 예쁘게
치장하고 누구를 애타게 기다리고 있을까요?

환봉사(環峯祠)

–불귀(不歸)의 객(客)–

그대 어찌하여 천만리(千萬里) 이곳에서
가던 발길을 멈추었나요?
멀리 타향 길 한 발 두 발 내딛을 때마다
그리운 고향산천 눈에 선했을 텐데,
그대 어찌하여 이곳에서 영영 돌아가지
못하는 불귀(不歸)의 객(客)이 되었는가요?
목마른 하루해를 넘길 때마다 두고 온
님의 얼굴 영창에 환히 비추어 왔을 텐데….

5부

산마을

국악의 성지(聖地)

–추임새–

쿵– 따르르 쿵– 따르르
우리 모두 힘을 합쳐
'얼씨구–'
쿵쿵– 따르르 쿵쿵– 따르르
우리 모두 가슴 열고
'좋–다'
쿵– 따르르 쿵– 따르르
우리 모두 끄떡이며
'그렇지'
쿵쿵– 따르르 쿵쿵– 따르르
우리 모두 박수치며
'암–만'

귀정사(歸政寺)

–귀정사 소식–

얼굴에 환한 웃음을 머금고 계신
부처님,
좁은 산신각에서 묵묵한 여유를
보여주시는 산신령님,
만행당(萬行堂)에 앉아 참선(參禪)을
즐기고 계신 주지스님,
손님들 신발 핥기에 정신이 없는
아지와 귀정이,
좁은 대나무 대롱 속을 줄타기 하듯
졸졸졸 내려오는 약수물,
귀정사 식구들 모두 오월의 푸르름
속에 잘 있습니다.

눈꽃축제

–겨울–

눈이 내립니다.
지나간 과거가 떠오릅니다.
집 앞 언덕에서 비료 부대 타고 미끄럼을
지치던 일,
꽁꽁 언 논에서 손수 만든 썰매를 타던 일,
무시무시하게 깊은 언 저수지 위를 친구들과
살금살금 걷던 일,
눈사람 위에 숯으로 눈 코 입을 길게 그어
놓고 동생들과 함께 함박웃음 웃으며
바라보던 일,
하얗게 눈을 얹은 초가지붕에서 똑똑 떨어지는
낙숫물 소리를 들으며 어머니가 쪄 주신
고구마를 입에 물고 잠을 자던 일,
이제는 모두 한 장 한 장 스쳐 지나가는 흑백
영화의 한 장면들입니다.

대상리(大上里)

–된장–

오래된 햇볕과 바람과 물과 흙이
일구어낸 맛,
돼지고기찌개, 호박 국, 김치찌개,
시래기 국, 콩나물 국, 무 국
어디에 들어가도 그 맛을 살리는
된장처럼 내 영혼 되살려서 남은
인생 감칠 맛 나게 살아보자.

덕동리(德洞里)

–하나 됨–

하나는 자유이고 평등입니다.
우주에는 여러 가지 행성들이 돌고
있습니다만 그들은 모두 하나입니다.
해도 달도 지구도 다른 수많은 별들도
모두 하나입니다.
신은 누구에게나 하나 됨을 주셨습니다.
신은 우리가 실의에 빠져 있을 때도
계속해서 우리에게 하나 됨의 본래 뜻을
알게 모르게 고지(告知)해주고 있습니다.
비록 가는 길이 험하고 힘들더라도
하나 됨의 본래 뜻을 되새겨
우리의 삶을 늘 새롭고 의미 있고 보람
있게 만들어가야 하겠습니다.

바래봉

–천생연분(天生緣分)–

많은 사람들 중에 그녀가 군계일학(群鷄一鶴)
으로 눈에 띄었을 때도,
일대일로 만나 가슴이 콩콩 뛰는 데이트를
하였을 때도,
평소 화를 잘 내지 않는 그녀가 화를 내었을
때도,
나와 아이들을 버리고 그녀 혼자 오동도로
여행을 떠났을 때도,
자기 친구를 살리겠다고 다단계 회사에 빠져
나를 등졌을 때도,
내 차를 타고 가다 기분이 나쁘다고 내려
그녀 혼자 택시 타고 집에 갔을 때도,
그녀는 예뻤습니다.
늘 예뻤습니다.
젊었을 때나 나이 들어 할머니가 된 지금이나
내가 보호해주고 사랑해주어야 할 한 송이
예쁜 철쭉꽃이라고 생각합니다.

백장암(白丈庵)

-종소리-

뎅- 뎅- 뎅-,
세상에 아름다운 여운(餘韻)
남기고
스스럼없는 맑은 고요 속으로
다시 돌아간다.

(法性圓融無二相 製法不動本來寂)

봉화산(烽火山)
-하늘-

하늘은 푸릅니다.
공원에 나란히 앉은 젊은 연인들의 가슴을
콩콩 뛰게 하는 역동의 푸른색입니다.

하늘은 붉습니다.
산 위에서 검은 그을음을 내며 타오르는
봉화처럼 치열하게 세상을 산 노인들의
눈자위를 적시는 붉은색입니다.

하늘은 까맣습니다.
어릴 적 평상에 누워 바라보는 밤하늘에서
별똥별이 하나 둘 떨어져 하얀 은하수가
되는 까만색입니다.

하늘은 무채색입니다.
좌절의 신이 그림을 그리다 말고 잠이 들어
화지를 온통 제 멋대로 회색으로 칠해놓은
우울의 무채색입니다.

산내우체국

–편지–

아내의 핸드폰으로부터 온 당신의 문자
편지를 읽습니다.
당신은 아내에게 매일 문자 편지를
보내십니다.
저는 잘 알지도 모르는 당신으로부터
오는 편지를 아내로부터 건네받습니다.
그것은 내용이 너무 좋기 때문입니다.
내용은 우리가 살아가는데 필요한 사랑,
희생, 자비, 정의에 관한 것입니다
나는 오늘 너무도 인간적인 내용을 담은
당신의 편지를 읽었습니다.
"알츠하이머병에 걸린 아내가 좋아하는
애인을 멀리까지 찾아가 아내의 연인이
되어 달라"고 간청하는 그녀 남편의
애잔한 사랑이 담긴 감동적인 영화
'어웨이 프롬 허'에 관한 것이었습니다.
당신의 편지는 늘 나를 용기 내어
살아가도록 만듭니다.

당신의 편지는 나를 좀 더 인간적으로
살아가게 만듭니다.
당신의 편지는 나를 좀 더 남은 삶을
적극적으로 살아가게 만듭니다.
당신의 편지는 나를 좀 더 다른 사람들을
사랑하며 살아가게 만듭니다.
나는 그런 당신의 편지를 매일 읽습니다.
얼굴도 모르는 당신의 편지를 읽습니다.

산덕리(山德里)

– 준비–

하루를 준비한다.
오늘을 살기 위하여 사람들을 만난다.
어쩌면 다 아는 사람들이다.
아니다.
어쩌면 다 모르는 사람들이다.
아니 이미 다 안다고 하여도 하룻밤
사이에 모르는 사람으로 변해 있기도 한다.
나 자신도 어제의 내가 아닐 때도 있다.
알 수 없는 사람들 사이에서 자꾸만
약해지려는 나를 부축하며 매일 다가오는
알 수 없는 하루를 준비하고 또 준비한다.

산동(山東)

–산수유–

사람들이 모여든다.
겨우내 봄을 기다리던 꽃들이
여기저기에서 터져 나온다.
산수유 노란 빛,
그 웅장한 빛이 환희(歡喜)의
생명력으로 번져 오른다.

세걸산(世傑山)

–늙은 산–

뼈마디가 녹아난다.
허리가 아프고 이가 시려온다.
온 몸에 통풍(痛風)이 밀려온다.
일어나야 한다.
일어나야 한다.
어린 산들이 아침 인사를 올 시간이다.
아랫목에 단정히 앉아 무아삼매(無我
三昧)에 들어가 있어야 한다.
여전히 그들 곁에 내가 있음을
알려주어야 한다.

심원(深源)

–심원(深源) 일기–

화전(火田)밭 일구며 살던 어머니,
80년 개발붐이 이곳까지 밀려와 등산객들
오가는 길에 음식점을 열었지.
자식들만은 문명권에 갖다 놓겠다고
계절도 없이 찾아드는 손님들 뒷시중에
잠도 제대로 주무시지 못하고 허리도
제대로 펴지 못하시던 어머니,
하지만 이곳 음식점도 이젠 끝이 난다.
국립공원이 숲 보호를 위하여 마을 철거를
결정하였기 때문이다.
이제 산은 산으로 돌아가지만 어머니의
구부러진 허리는 언제 펴질지 모른다.

아막성(阿莫城)

–선택–

집 떠나와 적과 싸운다.
일면식도 없는 적과 하나 뿐인 목숨을
걸고 싸운다.
없는 가치(價値)를 만들어 가면서
누군가와 싸운다는 것,
쉬운 일이 아니다.
아무리 짧은 순간이라도 '왜? 누구와?
무엇 때문에?'라는 선택의 과정을
거쳐야 하기 때문이다.

약수암(藥水庵)

–파일등(八日燈)

수천 년 전 파일 날 가비라성 집집마다엔
정성의 기름등이 타올랐다.
그로부터 몇 년 후에는 나일론 줄에 묶인
늘어진 촛불등이 주위를 밝혔다.
그로부터 또 몇 년 후인 이 밤에는 철재
피라밋 앵글 속에 갇힌 플라스틱 전기불등이
환한 세상을 만들고 있다.
점에서 선, 선에서 면, 면에서 입체로
등받이의 형태는 바뀌었어도 불탄(佛誕)에의
정성은 아직도 사람들의 마음속에 붉게
타오르고 있다.

와운(臥雲)마을

–천년송(千年松)–

바람이 매섭게 불었습니다.
하지만 난 견딜 수 있었습니다.
나의 곁에는 비가 오나 눈이 오나
나를 걱정해주는 낙락장송(落落長松)
그 님이 계셨기 때문입니다.
난 언제고 힘이 들 때마다 그 님을
생각했습니다.
내 마음속에 너무도 오랫동안 나를
걱정하며 홀로 서 계신...
이제는 내가 지켜드려야 할,

인월(引月)
–개똥참외–

산길에 오롯이 놓여 있는 개똥참외,
개똥으로 씨가 옮겨져 생겨난다는 개똥참외.
아무도 따가지 않는 개똥참외,
개똥참외를 한 개를 산길에서 따와 아내와
함께 먹었다.
달고 맛이 있었다.
비록 껍데기는 두꺼웠지만 속은 부드러웠다.
한적한 산길에서 예쁜 꽃을 피우고 열매를
맺는 개똥참외,
꽃부터 열매까지 노란 외로움이 배어 있지만
그 누구에게도 보아 달라고 하지 않는다.
그저 혼자 꽃 피우고 혼자 열매를 맺는다.
그것이 마치 자기의 소임(所任)인 것처럼.

장터국밥집

–맛–

단맛, 짠맛, 신맛, 쓴맛 온갖 맛 다 보며
긴긴 세월 살아왔다.
하지만 오늘도 새로운 맛은 태어난다.
양보하고 포용하고 어우러져 여태까지
없었던 맛이 용케도 다시 태어난다.
식사 때가 되면 새로운 맛에 대한 기대감
으로 여기저기 음식점을 찾는 사람들,
맛 느낌으로 음식을 먹을 수 있다는 것은
진정 행복한 일이다.
많은 사람들이 그것에 대한 감사함을
잊어버린 채
그저 하루하루를 습관처럼 끼니 때움으로
먹고 있지만…

지리산둘레길

–둘레길–

가자.
산 넘고 물 건너
손에 손을 잡고,
맑은 바람 마시면서
키에 키를 맞추고,
눈에 눈을 맞추고,
마음에 마음을 맞추어서,
하얀 오솔길 위를
신선(神仙) 되어 가자.

지리산순환도로

–도로 포장–

다리 위에 길을 놓는다.
굴착기, 파쇄기, 청소차, 살포기,
아스콘 운반차, 포장기, 다짐기가 동원
되어 길을 놓는다.
흔들거리는 다리 위에 차와 사람이
편안히 다닐 수 있도록
딱딱한 돌과 질긴 고무와 부드러운
아스팔트를 골고루 섞은 아스콘을 눌러
펴서 길을 놓는다.
산과 산, 마을과 마을, 사람과 사람을
연결하는 소통(疏通)의 길을 놓는다.

충혼탑(忠魂塔)

—화해(和解)—

오늘도 한 사람이 한 세상을 살고 갔습니다.
조금은 달랐을 것 같았던 그이였는데
그이 역시 인간의 범주를 벗어나진 못했습니다.
산 넘고 물 건너엔 많은 이웃들이 살고
있습니다만,
다 알고 보면 웃고 싶을 때 웃고 화내고 싶을
때 화내고 슬플 때 우는 그런 사람들입니다.
우리 살아있을 때 좀 더 이웃에 가까이
다가가도록 노력을 해야 하겠습니다.
불 합리와 불 이해에서 오는 장벽을 걷고
생각의 차이를 좁혀,
따뜻한 마음을 전하는 그런 사람이 되어야
하겠습니다.
짧은 세월이 더 가기 전에 먼저 화해의 손을
내밀어야 하겠습니다.

흥부마을

–관아(官衙) 마당–

매를 맞고 나서 바지를 얼른 올리는
사람,
개발 새발 마음에도 없는 반성문을
한 시간째 쓰고 있는 사람,
시도 때도 없이 뱃속에서 쪼르륵
쪼르륵 소리가 나는 사람,
모두들 불려온 죄인들입니다.
다들 하고 싶은 말은 많습니다.
하지만 그 누구도 함부로 입을 여는
사람은 없습니다.

흥부생가(興夫生家)
–가난–

날이 추워지면 힘들었던 지난날이
생각납니다,
가난한 자의 슬픔을 부자들은
모릅니다.
청빈(淸貧)의 맑음,
무소유(無所有)의 깨끗함,
다 와 닿지 않는 정신 나간
사람들의 헛소리입니다.
날마다 절망에 빠지지 않으려고
자신과 싸웠습니다.
달랑 남은 자존심을 천애(天涯)의
절벽에 걸어놓고,

■ 해설(解說)

울림으로 듣는 남원 고을

오종식(작가)

남원은 춘향전, 흥부전, 변강쇠전, 만복사저포기 등 의 서민적 향기를 품은 전통 문화의 산실로 국민들에게 널리 알려져 있다.

그러한 남원이 옛 향기와 전통을 많이 머금고 있는 것은 사실이지만 사실 과거 한 시대를 풍미했던 문화의 전성기에 비하면 지금은 많이 쇠퇴해 있는 상태이다.

우리는 이러한 남원의 전통 문화를 온고이지신(溫故而知新)의 자세로 다시 살펴 좀 더 새롭고 좀 더 격 높은 남원 문화 융성의 기틀을 세워야 한다는 시대감에 봉착해 있다.

그러기 위해서는 우리 모두가 힘을 합쳐 문화적 자산을 더 많이 연구하고 계발, 계몽, 전파하여 문화적

부흥을 진작시켜야 한다.

그러할 즈음에 나의 친구 정천(靜天)이 그의 처가의 본향인 남원의 정서와 생활상을 담은 시집 '용고을 남원 고을' 펴낸 것은 가히 가치 있는 일이라고 할 수 있다.

나는 많은 사람들이 이 시집을 읽어 남원을 이해하는데 조금이라도 더 보탬이 되었으면 한다.

시인은 남원을 4개 구역인 성내마을, 들마을, 강마을, 산마을로 나누어 묘사하고 있다.

시인은 제 1부 용고을에서는 남원이 주는 대표적인 이미지를 전달하는 내용으로 기술하고 있고, 제 2부 성내 마을에서는 남원성 안의 구도심에 사는 사람들의 생활상을, 제 3부 들마을에서는 남원의 넓은 평야지역인 대산, 덕과, 사매 등의 지역에 사는 사람들의 생활상을, 제 4부 강마을에서는 섬진강을 끼고 살아가고 있는 대강, 주생, 수지, 송동 등의 지역에 사는 사람들의 생활상을, 제 5부 산미을에서는 시리산을 끼고 살아가고 있는 운봉, 인월, 아영, 산내 등의 지역에 사는 사람들의 생활상을 그리고 있다.

시인은 제 1부 용고을에서는 〈님이여, 남원에 오시거든〉, 〈목기〉, 〈남원 입성〉, 〈남원의 애수〉, 〈남원아리랑〉, 〈소리축제〉, 〈여뀌〉, 〈농악대〉, 〈지리산 연가〉,〈요천〉, 〈이도령 남원 방문기〉 등을 통해서 용고을에 사는 사람들의 전체적인 생각을 전하고 있다.

> 님이여, 남원에 오시거든 부디 굽어 살펴보소서. 높은 산들이 어디 어디에 숨어 춤을 추는지? 맑은 물들이 어디에서 솟아오르고 부드러운 실개천이 어디로 흘러 나가는지?
>
> –〈님이여, 남원에 오시거든〉중에서

> 난 누가 뭐래도 조금은 차가운 듯 단정해 보이는 당신이 좋아요. 조심스럽게 당신의 얼굴을 어루만지며 말합니다. '나 말고 누가 감히 당신에게 예쁜 입맞춤을 하자고 하겠어?'
>
> –〈목기〉중에서

> 잊을 수 없어 잊을 수 없어 님 향한 일편단심, 그리움을 못 이겨 글로 적어 보냅니다. 요천수 강물에 붓을 찍어서 또박또박 큰 글씨로 적어 보냅니다. 아리랑 아리랑 아라리요 아리랑 고개를 넘어간다.
>
> –〈남원아리랑〉중에서

> 쿵– 따르르 쿵쿵– 따르르 쿵쿵– 따르르 쿵– 따르르, 휘모리 중모리 중중모리 자진모리 엇모리, 오색 창(唱)소리가 하늘 높이 퍼져 산허리를 쾅쾅 흔들고 있네.

—〈소리축제〉중에서

행복도 불행도 수시로 변하고, 약도 독도 수시로 변하는데, 어느 것이 진짜 진여(眞如)의 것인지를? 우리네 인생, 삼도(三途)의 귀의처가 진정 어디인지를?

—〈여뀌〉중에서

얼씨구 절씨구 소리치면서 오래전부터 꿈꾸어왔던 하얀 상모(象毛)를 돌리는 내가 나옵니다. 쓰러져도 쓰러져도 다시 일어서서 앞으로 나아가는 불퇴전(不退轉)의 용기를 가진 내가 나옵니다.

—〈농악대〉중에서

흐르는 것은 흐르지만 언젠가는 멈춥니다. 흐름은 진정 아름다운 멈춤이 있기에 빛납니다. 역사가 오랜 과거들의 힘찬 배웅으로 빛나는 것처럼…

—〈요천〉중에서

요천 승월교 다리 위에서 나는 작고 나지막한 늙은 부부의 목소리, "할멈, 이리 와봐 애들 없을 때 우리 둘이 사진 한 장 찍게."

—〈남원입성〉중에서

저 만치서 나를 걱정하는 님의 목소리가 들려옵니다. "조심해라. 조심해라. 차 조심하고, 사람 조심하고, 먹는 것 조심하고, 사는 것 조심하고…"

—〈지리산 연가〉중에서

시인은 제 2부 성내마을에서는 〈어머니〉, 〈남원아가씨〉, 〈일출〉, 〈노동〉, 〈빈 아줌마〉, 〈하얀 웃음〉, 〈빈 방〉, 〈블랙홀〉 등을 통해서 남원성 안에 사는 사람들의 생각을 전하고 있다.

> 금방이라도 내 이름을 부르며 홍예문을 넘어오실 것 같은 어머니, 뒷산 쪽 바라보며 눈만 깜박거립니다. 아직 제대로 날지 못하는 어린 새의 불안스러운 눈빛으로...
>
> ―〈어머니〉중에서

> 월매집 주막등은 바람에 졸고 지리산 낙락장송 세월에 존다. 감로수 받쳐 들고 기다리던 님. 지금은 어느 고개 넘고 계실까? 너무나도 보고파지는 남원아가씨.
>
> ―〈남원아가씨〉중에서

> 이제는 기차가 지나가지 않는다. 느티나무 밑에서는 동네 노인들이 오수(午睡)를 즐긴다. 추억으로만 남은 남원역, 추억으로만 남은 친구들, 세월은 가도 젊은 날의 추억은 아직도 남원역에 남아 하얀 웃음을 만들어내고 있다.
>
> ―〈하얀 웃음〉중에서

> 우리 빈 방을 가득 채우려 하지 말자. 빈 방은 여유다. 활력이다. 이도령과 춘향이 같은 신사 숙녀가 곱게 하룻밤을 묵어 갈 수 있는 빈 방 하나쯤은 늘 비워 놓고 살아야 한다.
>
> ―〈빈 방〉중에서

나도 언젠가는 그곳으로 떠나가야 한다. 진수(眞數)도 기수(基數)도 없는 수렴(收斂)값 영(0)의 자리로 나의 자리를 내어 놓고 떠나가야 한다. 오월 어느 따스한 날 댓돌에 신발 한 켤레 남겨 놓고 살며시 그곳으로 들어가야 한다.

―〈블랙홀〉중에서

해가 떠오르고 있다. 거리거리마다에 손에 손을 잡고 모여 선 우리들의 가슴속으로 지지 않는 용고을의 큰 해가 위풍당당하게 떠오르고 있다.

―〈일출〉중에서

노동은 나를 땀 흘리게 하고, 집중케 하고, 즐겁게 하고, 보람 있게 한다. 노동은 나를 또 다른 별천지로 인도하는 좋은 안내자이다.

―〈노동〉중에서

한국말로 '사랑해 당신을'을 떠듬떠듬 불러 온 동네에 웃음꽃을 선사하는 사람 좋은 베트남 사람 응우엔-티-빈 아주머니, 아니 남원 사람 빈 아줌마, 사랑해요, 우리 모두.

―〈빈 아줌마〉중에서

시인은 제 3부 들마을에서는 〈나와의 전쟁〉, 〈귀농난제〉, 〈걸레〉, 〈고구마〉, 〈바루 공양〉, 〈오리정에 올라〉, 〈보람 있는 삶〉 등을 통해서 들마을에 사는 사람들의 생각을 전하고 있다.

이제 나이 들어 안팎으로 서리가 내리는 지금 나는 나의 '비무장지대'에 들어 서 있다. '무조건 평화'라고 쓰여 있는 푯말을 들고 지나온 여러 나들 사이에 서서 외롭게 1인 시위를 하고 있다.

—〈나와의 전쟁〉중에서

이런 것 저런 것 다 받아들이고 곪은 상처에 몇 번이고 새살이 돋을 때까지 이 악물고 견뎌야 한다. 발붙이고 사는 이곳이 '나의 마지막 머물 곳'이라는 절망감에 이를 때까지

—〈귀농난제(歸農難題)〉중에서

밥 없으면 시리얼 먹는 손자와 밥 없으면 라면 먹는 애엄마에게 그 옛날 목동별이 빛나던 밤 내가 사랑에서 화롯불에 호박고구마를 구워먹던 시절의 이야기를 재미나게 해주었다.

—〈고구마〉중에서

수많은 고승들이 무릇 적은 양의 음식만으로도 훌륭히 생노병사(生老病死), 고집멸도(苦集滅道), 색즉시공(色卽是空), 공즉시색(空卽是色)을 깨닫고 마하반야바라밀다(摩訶般若波羅密多)를 이루어 갔음을 그대는 진정 알고 있는가?

—〈바루 공양〉중에서

사각 오리정 안에 홀로 앉은 노인 하나, 그대여 진정 외로워하지 말게나. 하늘 위에 해도 하나 뒷동산에 달도 하나 정자 밖에 늙은 소나무도 하나, 비록 하나라서 외롭지만 하나라서 서로 친한 벗이 그냥 되지 않는가?

—〈오리정에 올라〉중에서

나 그들을 반갑게 맞아들인다. 그리고 외친다. "당신들이 지금까지 쌓아온 억울함과 분노와 스트레스를 모두 내게 주시오. 그 괴로움들을 내가 다 안고 가겠습니다."

-〈걸레〉중에서

나의 삶, 이제 나만의 삶이 아니다. 내 안에 들어와 나를 돕고 있는 여러 사람들의 뜻을 받들어 그들이 원하는 삶을 내가 살아가야 한다.

-〈보람 있는 삶〉중에서

시인은 제 4부 강마을에서는 〈당산나무〉, 〈순자강〉, 〈수지를 아십니까?〉, 〈남원골 이발소〉, 〈인생〉, 〈상봉〉, 〈불귀(不歸)의 객(客)〉 등을 통해서 강마을에 사는 사람들의 생각을 전하고 있다.

여름이면 물 푸르고 가을이면 산 붉은 고향, 서울 하늘 밑 여기저기에 흩어져 살아도 당산나무 뿌리처럼 서로 부둥켜안고 고향 그리워하며 살고 있을까요?

-〈당산나무〉중에서

'효자 아들이 메추라기로 아버지의 병을 낫게 했다'는 강에 얽힌 옛 이야기를 들으며 한 발 두 발 조심스럽게 바다를 향하여 내딛고 있다.

-〈순자강〉중에서

수지를 아십니까? 참 물이 시작되는 곳, 물맛이 유난히 좋은 곳, 이곳이 있음에 우리의 마음이 신통한 장소(神統場)가 되고 이곳이 있음에 우리의 마음이 밝은 터전(光明堂)이 됩니다.

–〈수지(水旨)를 아십니까?〉중에서

코흘리개 아이들의 머리를 깎기 위해 의자 위에 큰 널빤지를 하나 더 얹은 그 이발소, 언제까지 삼색등 돌아가려나? 전설 같은 옛이야기 담고,

–〈남원골 이발소〉중에서

밤이면 징검다리 하나 둘 놓고 정신없이 장돌뱅이처럼 떠나갔다가 아침이면 그 돌다리 다시 밟고 엄친(嚴親) 엄마처럼 돌아오는, 마음 속 파도 일 때마다 조용히 물어본다.
“여보, 나 지금 잘 살고 있는 거야?”

–〈인생〉중에서

그대 어찌하여 이곳에서 영영 돌아가지 못하는 불귀(不歸)의 객이 되었는가요? 목마른 하루해를 넘길 때마다 두고 온 님의 얼굴 영창에 환히 비추어 왔을 텐데…

–〈불귀(不歸)의 객(客)〉중에서

너무나 멀고 먼 그대에게 가는 길, 그대 진정 나를 사랑한다면 그대 영혼이라도 어서 버선발로 달려 내려와 나를 안아주구려.

–〈상봉〉중에서

시인은 제 5부 산마을에서는 〈하나 됨〉, 〈천생연분〉, 〈종소리〉, 〈산수유〉, 〈늙은 산〉, 〈파일등〉, 〈개똥참외〉, 〈둘레길〉 등을 통해서 강마을에 사는 사람들의 생각을 전하고 있다.

> 사람들이 모여든다. 겨우내 봄을 기다리던 꽃들이 여기저기에서 터져 나온다. 산수유 노란 빛, 그 웅장한 빛이 환희의 생명력으로 번져 오른다.
>
> –〈산수유〉중에서

> 어린 산들이 아침 인사를 올 시간이다. 아랫목에 단정히 앉아 무아삼매(無我三昧)에 들어가 있어야 한다. 여전히 그들 곁에 내가 있음을 알려주어야 한다.
>
> –〈늙은 산〉중에서

> 점에서 선, 선에서 면, 면에서 입체로 등받이의 형태는 바뀌었어도 불탄(佛誕)에의 정성은 아직도 사람들의 마음속에 붉게 타오르고 있다.
>
> –〈파일등〉중에서

> 꽃부터 열매까지 노란 외로움이 배어 있지만 그 누구에게도 보아 달라고 하지 않는다. 그저 혼자 꽃 피우고 혼자 열매를 맺는다. 그것이 마치 자기의 소임인 것처럼.
>
> –〈개똥참외〉중에서

> 가자. 산 넘고 물 건너 손에 손을 잡고, 맑은 바람 마시면서 키에 키를 맞추고, 눈에 눈을 맞추고, 마음에 마음을

맞추어서, 하얀 오솔길 위를 신선(神仙) 되어 가자.

–〈둘레길〉중에서

신은 누구에게나 하나 됨을 주셨습니다. 신은 우리가 실의에 빠져 있을 떼에도 계속해서 우리에게 하나 됨의 본래 뜻을 알게 모르게 고지(告知)해주고 있습니다.

–〈하나 됨〉중에서

그녀는 예뻤습니다. 늘 예뻤습니다. 젊었을 때나 나이 들어 할머니가 된 지금이나 내가 보호해주고 사랑해주어야 한 송이 예쁜 철쭉꽃이라고 생각합니다.

–〈천생연분〉중에서

뎅– 뎅– 뎅– 세상에 아름다운 여운 남기고 스스럼없이 맑은 고요 속으로 다시 돌아간다.

–〈종소리〉중에서

지금 나의 귀에는 동편제의 쟁쟁한 울림이 들리고 있다. 흥부가가 그렇고 춘향가가 그렇고 변강쇠전이 그렇다. 그 옛날 시원하고 청명한 판소리 한가락이 우리의 막힌 가슴을 뚫어 주었듯이 이 한 권의 책이 가슴이 답답한 이들에게 조금은 쓸어내리는 약손 역할을 해 줄 것이라고 믿는다. 현대인들이 선현들이 이루어 놓은 문화와 예술을 다시금 되새기고 이것을 변화와 변혁의 기틀로 삼아 계승 발전시켜 고도(古都) 남원이 문화 창달의 본거지로 활발하게 재탄생되기를 소원한다.

나의 친구 정천(靜天)의 노고에 대하여 동시대를 살아가는 사람들 중의 한 사람으로서 심심한 감사의 마음을 전한다.

최상구 시집
용고을 남원 고을

초판인쇄 | 2018년 01월 15일
초판발행 | 2018년 01월 20일

지은이 | 최 상 구
펴낸이 | 서 정 환
펴낸곳 | 신아출판사

주　소 | 전주시 완산구 공북 1길 16
(태평동 151-30)
전　화 | 063)275-4000
팩　스 | 063)274-3131
e-mail | shina2347@naver.com
sina321@hanmail.net

값 10,000원

ISBN 979-11-5605-494-8 03810

* 저자와 협의하여 인지는 생략합니다.
* 잘못된 책은 바꿔 드립니다.

이 도서의 국립중앙도서관 출판예정도서목록(CIP)은 서지정보유통지원시스템 홈페이지(http://seoji.nl.go.kr)와 국가자료공동목록시스템(http://www.nl.go.kr/kolisnet)에서 이용하실 수 있습니다.
(CIP제어번호: CIP:CIP2018001780)